마음에도 굳은살이 생기면 좋을 텐데

마음에도
굳은살이 생기면
좋을 텐데

여름 지음

어깨 위 망원경

프롤로그

그만두고 싶을 때가 많았다

지금까지의 삶을 돌아보면, 저는 힘들고 어려운 상황을 마주할 때마다 도망치며 살아왔습니다. 저를 구속하고 정신적으로 학대한 새엄마에게서 친엄마에게로, 딸인 저를 돌보고 살펴줄 마음이 없던 친엄마에게서 다시 남편에게로. 결혼으로요. 그리고 더는 저를 사랑하지 않는 남편과 내내 저를 괴롭혔던 시댁의 울타리를 넘어 더 넓은 세상으로 한 번 더 도망쳤습니다.

사실은 그만두고 싶었습니다. 아마도 사는 것을, 삶을 관두고 싶었던 것 같습니다. 하지만 차마 그럴 수는 없었기 때문에 도망칠 수밖에 없었어요. 요즘처럼 스트레스가 많은 사회에서라면 어쩌면 당연한 일인지도 모르겠습니다. 저는 저를 옥죄어오는 상황 속에서 압박을 느끼면서도 어떤 믿음을, 실낱 같은 희망을 붙잡으려고 했던 것 같아요. 어떻게든 나는 잘될 수 있을 거라고, 벗어날 수 있을 거라고 믿으며 힘든 상황에서 우선 도망치는 걸 선택해 왔습니다.

때로는 제대로 준비하지 않고 충동적으로 도망친 적도 있었어요. 할 수만 있다면 그때의 저에게 이런 말을 해주고 싶어요.

"하윤아, 도망을 치더라도 제대로 준비를 했어야지. 준비를 안 해서 네가 많이 힘들었잖아."

네, MBTI로 따지면 저는 F 성향이 강한 편입니다. 계획적이고 미리 준비하는 T 성향과는 거리가 먼 사람이에요. 그래서 어떤 일을 할 때면 자주 충동적으로 결정했고, 그 결정에 대한 책임은 온전히 저의 몫이었기 때문에 그만큼 자주 자책했습니다. 도망치기 급급했던 그 시절의 제 손을 꼭 잡고, 이제는 조금 더 계획을 세워보자고 조금 더 편안한 방식으로 삶의 경로를 바꿔보자고 말해주고 싶어요.

하지만 도망치는 삶이 늘 나빴던 것은 아닙니다. 조금 준비해서 도망칠 걸, 혹은 조금 더 견뎌볼 걸, 하는 생각이 드는 한편 이런 생각도 떠오릅니다.

"잘 도망쳤어, 하윤아. 정말 잘했어. 고생 많았다."

도망이라도 쳤기 때문에, 빠져나왔기 때문에, 제가 한 걸음 더 나아갈 수 있었다는 것을 이제는 알게 되었습니다. 준비 없이 충동적으로 결정을 내리고 도망친 탓에 힘든 과정도 있었지만, 그래도 그 순간들이 제가 발전할 수 있는 계기가 되어 주었어요. 그렇게라도 용기를 내준 과거의 저에게 많이 고맙습니다.

그만두고 싶다는 마음을 억누르지 못한 순간도 있었습니다. 그래요. 삶을 관두고 싶었습니다. 그런 마음이 머리끝까지 차오를 때면 병원으로 달려갔습니다. 상담을 받고 약을 먹었죠. 신경정신과에 가면 설문 조사지를 줍니다. 그중에는 자살에 대한 생각을 체크하는 문항이 있습니다. 자살을 항상 생각한다. 가끔 생각한다. 생각하지 않는다. 저는 대체로 '항상 생각한다'에 체크했어요. 그러다 어느 날에는 삶의 무게가 유독 버겁게 느껴져 울면서 병원에 갔습니다. 너무 무거운 돌덩이를 어깨에 메고 살아가는 것만 같던 날들이었거든요. 병원에 입원하는 게 좋겠다는 의뢰서를 받게 되었습니다. 의사는 제가 당장 죽기라도 할 것처럼 진지한 표정으로 저에게 그 종이를 내밀었어요.

당시의 남편에게 그 의뢰서를 전달할 때 제 표정도 아마 의사와 비슷했을 것 같습니다. 의뢰서를 읽고 얼굴을 든 남편이 울 것 같은 표정으로 바람이라도 쐬고 오자고 말했거든요. 병원은 말고, 우선 바람을 쐬러 제주도에 가자고 했습니다. 남편을 따라 제주도에 가서 바람을 쐬었어요. 그것도 좋았지만, 그 제주도 여행에서 가장 좋았던 건 따로 있었습니다. 담배를 배운 것이에요. 그전까지 저는 남편이 담배를 피울 때마다 부러웠습니다. 담배를 입에 물었다가 바람을 내보낼 때, 뭔가 남편 안에 쌓여 있던 것들도 밖으로 따라 나오는 것 같아서 후련해 보였거든요. 제주도에서 남편에게 담배를 배운 뒤로 전자담배를 피우기 시작했습니다. 답답할 때마다 제 안에 있는 것들을 끌어모아 밖으로 후, 하고 날려버리는 기분을 저는 여전히 좋아합니다. 그 덕분에 조금 더 견딜 수 있게 된 것도 같아요.

담배 덕분인지, 제주도의 바람 덕분인지 여행을 다녀온 후로는 기분이 조금 나아졌습니다. 고여있던 감정이 환기된 것 같은 느낌이 많이 들었어요. 물론 여행 이후로도 자주 가슴이 답답해지고 무기력해질 때가 있습니다. 그럴 땐 담배를 태워요. 저를 힘들게 한 일들을 담배 연기에 섞어서 멀리 날려 보냅니다.

이 책을 쓰는 동안에도 전자담배를 자주 피울 것 같습니다. 입에는 담배를 물고 키보드를 두드려 제 얘기를 써나가면서, 그동안 제 안에 쌓아놓은 것들을 돌아보고 훌훌 털어내려고 해요. 그러고 나서야 다시 시작할 수 있을 것 같거든요. 다시 시작하는 삶에서는 더 이상 도망치지 않고 자신 있게 제 삶을 마주 보고 싶습니다. 어쩌면 그게 진짜 용기인 것도 같아요.

이 책을 다 쓰고 나서는 그 용기를 독자분들과 나누고 싶습니다. 알코올 중독자였던 아버지, 부모님의 이혼과 재혼, 죽음의 문턱까지 저를 데려간 질병, 저의 결혼과 이혼. 이 모든 과정을 돌아보고 정리하고 털어낸 뒤, 제 안에 삶을 마주 볼 용기와 삶에 대한 감사만 남기고 싶어요. 그렇게 남은 마음을 독자분들과 나누고자 이 책을 씁니다. 닿을 수 있다면 좋겠습니다.

차례

프롤로그   그만두고 싶을 때가 많았다   4

| 1부   버려진 마음을 끌고 |

1장   상처받은 시간들
　　　　지나가는 말   15
　　　　집 밖은 천국   20
　　　　나는 그 피를 왜 혼자 닦았을까?   24
　　　　다신 같이 살 수 없다는 걸   29
　　　　가장 큰 피해자는   34
　　　　구름다리를 건널 용기   40
　　　　캐러멜의 교훈   45
　　　　아빠에 대한 마음들   50
　　　　자기 인생을 살면 좋겠다고   57

2장　도망치는 나, 도망치지 못한 나

그때의 나를 안아주고 싶다　　　　　　　65

꿈은 없었지만　　　　　　　　　　　　70

모두의 짝꿍　　　　　　　　　　　　　75

외고 기숙사에서　　　　　　　　　　　80

아이들에게 시간을 줘야　　　　　　　　85

이 관계의 유통기한　　　　　　　　　　91

이 세상에 우리 둘뿐　　　　　　　　　96

마음을 털어놓을 수 있는 친구　　　　　102

수술하고 얼마나 울었는지　　　　　　　107

3장　무너지던 날들

남을 찌르는 건 못 해요　　　　　　　　113

집을 나온 이유　　　　　　　　　　　　118

누가 좀 그만하라고 말해줬으면　　　　　125

내가 온실 속 화초였구나　　　　　　　　131

일어서기　　　　　　　　　　　　　　　136

책임감과 포용력　　　　　　　　　　　141

간호사가 되려는 사람에게　　　　　　　147

살아야겠다는 생각　　　　　　　　　　153

죽는다고 했잖아　　　　　　　　　　　159

도망치듯 결혼　　　　　　　　　　　　165

기적 같은 확률로　　　　　　　　　　　172

남보다 못한 관계　　　　　　　　　　　179

2부	다시 걷기로 했다

4장	내 안의 나를 꺼내다	
	어렸던 나를 안아주기	187
	무던한 아이가 되길 바랐는데	194
	웃음의 힘	201
	내 손으로 만든 것들	207
	남편의 빚이 빛이 되어 돌아왔다	212
	내 아이에게	218
	큰 캐리어를 사서	224
	명함 돌리는 기계	230
	마담까지 할 거라는 다짐	236
	어떤 고마운 분	241
	늦지 않았다	247

5장   다시 걷기 시작한 나

스물아홉 살인 선배에게 배우며   255

나를 부정했던 사람에게   261

경제적인 준비도 필요해요   266

밥 먹었어요?   271

돌고 돌아 나의 자리로   277

에필로그   걸을 수 있는 발이 있잖아요   283

1부

버려진 마음을 끌고

1장

상처받은 시간들

지나가는 말

제 아빠에게는 알코올 중독증이 있었고, 거기서 오는 폭언과 폭행이 있었고, 의처증도 있었습니다. 술을 마시지 않으면 자상한 분이었는데, 술만 마시면 살림을 부수고 가족들을 괴롭혔지요. 저도 온갖 험한 욕설을 아빠에게서 처음으로 들었습니다. 나이를 헤아리기 어려울 정도로 어릴 때부터요. 가장 괴롭힘을 당한 사람은 저를 낳은 분, 친엄마였을 거예요. 심한 의처증 때문에 아빠는 제가 배 속에 있을 때부터 엄마를 괴롭혔어요. 엄마는 말로 다 할 수 없을 만큼 힘들었을 것입니다. 저도 시간이 지나고 보니 당시 엄마가 얼마나 힘들었을지 짐작할 수 있게 되더라고요. 물론 엄마의 마음을 도저히 짐작할 수 없는 순간도 여전히 있지만요.

　두 분은 결국 이혼했고 저는 엄마와 떨어져 십수 년을 살았습니다. 그리고 스물다섯 살이 되어 엄마를 다시 만났을 때, 엄마는 저에게 이런 말을 해주었습니다.

　"너는 원하지 않던 아이였어."

　마치 옷에 붙은 머리카락을 떼어내듯, 눈에 들어간 먼지를 불어 내듯 아무렇지 않게 그런 말을 했습니다. 저에게요. 지나가는 말이었겠지요. 하지만 저는 그 말을 제게서 떠나보내지 못했습니다. 몇 날 며칠을 그 말을 붙잡고 지난날을 돌아보며 아파해야 했어요. 아빠의 폭력과 폭언, 그로 인한 가정의 불화, 부모님의 이혼. 당시의 일들은 어린아이가 감당하기 벅찬 것들이었습니다. 안 그래도 그 무게에 짓눌려 힘겹게 살아왔고, 그래도 살아야 했기에 깊이 억눌러 두었는데, 엄마의 말 한 마디가 저에게 긴 고통의 시간을 다시 불러들였습니다. 그 아픔에서 벗어나기까지 얼마나 힘들었는데. 엄마의 그 말은 저 자신에 대한 부정이었어요. 태어나기 전부터 나는 선택받은 아이가 아니었다는, 원하지 않은 존재였다는, 얼떨결에 아이가 생겨 아빠가 오랫동안 준비한 사법고시를 그만둬야 했다는, 나는 부모님에게 걸림돌이었다는, 아픈 확증이었습니다.

　"너 때문에 내가 이렇게 살아."

　엄마는 제가 아주 어릴 때부터 그런 말을 자주 했습니다. 여섯 살, 많아 봐야 일곱 살이었을 저에게요.

"너 낳고 내가 살이 쪘어."

자신의 몸과 건강을 관리하지 못한 걸 제 탓으로 돌렸습니다. 나 때문에, 내 존재 때문에 엄마가 힘들게 살고 있다는 사실을 저는 어릴 때부터 아프게 알아차려야 했습니다.

어린 시절 아침마다 제 머리를 예쁘게 묶어주던 엄마의 손길이 가끔은 무섭게 느껴지기도 했어요. 아이였던 저의 가늘고 긴 머리카락을 엄마는 억센 손길로 잡아서 하나로 모아쥐고 고무줄로 묶었습니다. 그때마다 힘이 너무 세게 들어가 아프기도 했고, 가끔은 엄마의 긴 손톱이 제 두피를 할퀴기도 했지요. 엄마의 말들이 제 마음을 할퀴곤 했던 것처럼요. 남들에게 예쁘게 보이게 하려는 엄마의 마음은 알고 있었지만, 그 시간이 힘들 때도 있었어요. 연예인들도 매일 치장을 하면서도 가끔은 피곤해하기도 하잖아요. 저도 그런 순간이 때로는 힘들었지만 내색하지는 않았습니다.

하루는 이런 적도 있었습니다. 학교에서 받아쓰기 시험을 본 날이었어요. 저는 열 문제 중 한 문제를 틀린 시험지를 집에 가져갔습니다. 제가 시험지를 내밀자, 엄마는 손을 들어올리더니 제 머리를 쥐어박았습니다.

"너는 이걸 틀리냐?"

날카롭게 쏘아붙이며 저를 노려봤습니다. 단 한 문제를 틀렸을 뿐인데요. 저는 얻어맞은 머리가 아파서 한동안 손으로 머리를 문지르고 서 있었어요. 그날의 일이 오래도록 기억에 남았습니다.

그럴 때 저는 저항하지 못했습니다. 화를 내거나 소리를 지르거나 떼를 쓰거나 하지 않았습니다. 심지어 울지도 않았어요. 그저 엄마의 말을 듣고 있었습니다. 때리면 맞고, 욕하면 욕을 먹고. 어린아이가 그렇게 혼자 서 있는 모습을 떠올릴 수 있으실지 모르겠어요. 하지만 저에게는 아주 자연스럽게 여겨지는 장면입니다. 외부에서 오는 상처에 대응하지 않고, 하지 못하고, 온몸으로 그 상황을 견뎌내는 모습이요.

시간이 좀 지나고 나서야 다른 생각이 들기 시작했습니다. 왜 그런 거 있잖아요. 무슨 일을 겪고 나서, 집에 돌아오고서야 '그때 이렇게 말했어야 했는데' 하고 후회하게 되는 일 말이에요. 조금씩 나이가 들고 성인이 되면서 저는 자주 그런 감정이 들었습니다. 내가 그때 왜 그랬지, 왜 그 모든 상처를 남들이 주는 대로 스펀지처럼 수용해 버렸지, 그런 마음이 자주 올라왔습니다.

제가 원하지 않는 아이였다는 엄마의 말은 그런 제 마음을 얼음송곳으로 후벼 파듯 아프게 했습니다. 특히 어린 시절부터 쌓아온 아빠에 대한 감정을 무너뜨렸습니다. 아빠는 술을 마셨을 땐 욕하고 때리고 사납게 굴었지만, 술을 마시지 않은 날에는 아이처럼 천진난만한 사람이었어요. 그리고 저에게는 유독 다정했습니다. 술만 마시지 않는다면요. 그런데 그랬던 아빠가 저를 원하지 않았다는 말을 들으니, 마음이 찢어질 듯 아팠습니다. 나를 온전히 사랑하는 줄 알았던 아빠가 나를 원하지 않았구나, 내가 아빠의 인생에 걸림돌이었을 수도 있겠구나. 이런 생각에 빠져 힘든 날들을 보냈습니다.

엄마는 저에게 왜 그런 말을 했을까요. 굳이 하지 않아도 되는 말을 저에게 전한 엄마가 원망스럽기도 했어요. 그러다 어린 시절의 일들을 하나둘 되돌아보기 시작했습니다. 누군가 나를 다치게 해도 아무런 저항 없이 가만히 있었던 모습이 떠올랐어요. 외부의 공격에 대응하지 못했던 순간들이요. 그렇게 되짚다 보니 문득 언젠가 새엄마에게서 들은 "넌 결국 네 친엄마한테 갈 거잖아." 하는 말도 떠올랐습니다. 제 존재를 부정하는 말들이요. 이런 상황과 말들을 아프게 돌아보며 저는 점점 더 우울해졌고, 더 아파졌습니다. 삶에 대한 열정, 애정, 온기 같은 것들이 모두 멀게만 느껴졌습니다. 누구에게도 환영받지 못한 아이 같다는 느낌이 성인이 되어서도 저를 괴롭혔습니다. 버림받은 아이가 된 느낌에 사로잡힌 채 내내 살아온 것 같아요.

기회가 된다면 엄마에게 물어보고 싶습니다. 그때 왜 그런 말을 했냐고요. 엄마가 지나가듯 던진 말이 나를 얼마나 아프게 한 줄 아냐고도 따져 묻고 싶습니다. 엄마로서, 어른으로서, 사람으로서 그런 말은 하지 말아야 했다고 엄마에게 말하고 싶어요. 하지만 그 전에 저의 마음을 먼저 다독이려고 합니다. 어른들에게 상처받은 제 마음을 어른이 된 제가 먼저 위로해 주고 싶습니다. 그 후에는 조금 더 어른답게 다른 사람들을 대하고 더 엄마답게 제 아이를 돌볼 것입니다. 무심코 내뱉는 한마디 말에도 세심히 마음을 쓰면서요.

집 밖은 천국

어릴 때, 엄마는 아침마다 제 머리를 예쁘게 묶어서 학교에 보내셨어요. 그렇게 예쁘고 단정하게 꾸미고 학교에 가면 선생님이나 친구들에게서 공주 같다는 말을 들었습니다. 저는 성인이 된 지금도 종종 그런 말을 들어요. 부모님이 공주처럼 키웠을 것 같다고, 어려움은 전혀 모르고 자랐을 것 같다고요. 그 말을 들을 때마다 어린 시절의 일들을 떠올리게 됩니다. 떠올릴 수밖에 없습니다. 밤이면 술을 잔뜩 마시고 들어온 아빠가 취해서 욕을 퍼붓고 엄마를 때리고 그릇을 깨부수던 나날들을요.

아빠는 매일 술을 마셨습니다. 그리고 집에 올 때면 차에서 내려 동네 골목에 들어섰을 때부터 제 이름을 불렀어요. 고래고래 소리를 지르면서요. 그러면 저는 자고 있다가도 깜짝 놀라 깨어나 이불 속에서 떨었습니다. 너무 무서웠어요. 아빠가 문을 열고 들어오면 세상 온갖 욕설이 날아들 것이고, 밥그릇과 국그릇도 날아다닐 것을 알았기 때문이지요. 언젠가 한 번은 아빠가 던진 냄비에 맞아 머리 위로 된장찌개가 쏟아진 적도 있었습니다. 그렇게 밤을 보내고 나서 아침이 되면 아무 일 없었다는 듯, 예쁘게 머리를 단장하고 귀엽고 깔끔한 옷을 챙겨 입고 학교에 갔습니다.

학교에서 담임 선생님은 옆 반 선생님이나 손님이 오면 매번 저를 불렀습니다. 우리 반에서 제일 예쁘고 밝은 애라고 저를 소개했지요. 예쁘고 밝은 아이. 밤에는 술에 취한 아빠로 인해 지옥 속에 있는 것 같은데, 아침이 되어 아빠가 출근하고 나면 밝은 생활이 시작되었습니다. 집은 지옥이었지만 현관문만 열고 나가면 지옥에서 빠져나와 밝고 환한 세상으로 들어가는 느낌이 들었습니다.

제 체구가 또래보다 작은 편이라 그랬을까요? 제 친구들은 저를 귀여워했어요. 마치 동생을 대하듯이요. 아마 엄마가 제 머리, 옷, 장신구 등에 신경을 써준 것도 한몫했을 거예요. 제가 교실에 들어가면 친구들은 이런 말을 하며 제 옆으로 모여들었습니다.

"하윤이 내 거야. 하윤이는 내 편이지?"

친구들은 서로 저와 함께 놀려고 앞다퉈 저를 찾았습니다. 아무도 몰랐어요. 학교가 끝나고 집에 가면, 해가 저물고 밤이 오면 제 생활이 완전히 달라진다는 것을요. 욕설과 폭력이 오가는 집에서 덜덜 떨면서 보내야 하는 저의 또 다른 생활을요. 그 아픔을 아무도 몰랐습니다. 선생님들도. 친구들도.

엄마도 아빠가 퇴근해 집에 올 때까지는 밝게 지냈습니다. 제 긍정적이고 밝은 성격은 상당 부분 저의 친엄마를 닮았습니다. 그런 엄마도 아빠만 집에 들어오면 지옥에 끌려 들어가는 사람처럼 어두워졌습니다. 그리고 저는 저와 제 가족의 이런 생활에 대해서, 우리 가족을 뒤덮은 어둠에 대해서 어린 시절에는 누구에게도 털어놓지 않았습니다. 아무도 모르게, 조금도 내색하지 않았습니다. 이제 막 초등학교에 들어간 그 어린아이가요.

가끔 가까운 곳에 살던 작은 엄마, 작은 아빠의 집에서 하룻밤 자는 날이면 더 바랄 게 없이 행복해지곤 했습니다. 그러면서도 길을 가다 경찰 아저씨를 보면 속으로는 붙잡고 상황을 털어놓고만 싶었어요. 도와달라고, 우리 집에 같이 가달라고요.

그래도 학교에 가기만 하면 선생님과 친구들이 있었고, 친구들은 저에게 하염없이 다정하고 따뜻했습니다. 제가 가만히 앉아 있으면 제 곁으로 다가와 하윤이는 내 편이라고, 내 편이라고, 이야기하며 웃었습니다. 쉬는 시간에 제 자리로 와서 와락 저를 껴안는 아이들도 있었어요. 저를 끌어안고, 풀쩍 들어 올리고, 해맑게 장난을 치고. 그런 일들이 일상이었습니다. 이상하게 친구들은 하나같이 저를 좋아했습니다. 덕분에 저도 저를 조금 더 좋아할 수 있었던 것 같아요. 조금 더 웃을 수 있었습니다.

    선생님과 친구들 덕분에 그 시절 저는 집 밖으로 나가기만 해도 천국에 온 듯한 기분이 들었습니다. 집은 여전히 지옥이었지만, 밖으로 나가면 바로 모든 일이 즐겁고 재미있었어요. 냄비에 맞아 된장찌개를 뒤집어 쓴 것조차 까맣게 잊었어요. 제가 그런 밤을 보냈다는 사실을 저조차도 잊을 정도로 행복했어요. 문을 열고 집에서 나가면 동네 언니 오빠들과 동생들, 학교 친구들이 모두 모여서 숨바꼭질이나 무궁화꽃이 피었습니다 같은 놀이를 하면서 뛰어다니고 밝게 웃었던 날들이 아직도 기억에 남아 있습니다.

    이제 와 돌이켜 보면 초등학교 시절을 함께 보낸 선생님들과 친구들에게 정말 고맙습니다. 누구에게 내색도 못 할 만큼 힘든 시절이었지만, 사랑과 우정을 나눠준 덕분에 많이 웃었고, 큰 힘을 얻었어요. 무엇보다도 하루하루 버텨낼 수 있도록 위로를 받았습니다. 그때 나눠 받은 위로와 웃음을 저도 다른 사람들에게 전해주고 싶어요. 그래서 이 책을 쓰게 된 것 같습니다.

나는 그 피를 왜 혼자 닦았을까?

제가 일곱 살 때, 이런 일이 있었습니다. 학교 끝나고 집에 돌아오는 길에 골목에서 자전거와 부딪힌 거예요. 성인용 이륜 자전거에 세게 부딪혀 온몸이 다 다쳤습니다. 무릎이며 팔꿈치며 온통 다 까져서 피가 많이 났지요. 상처 입고 다친 몸을 이끌고 집에 갔습니다. 그런데 현관문을 열고 들어가서도 저는 엄마를 찾지 않았어요. 누구를 부르지 않고 울지도 않고, 그냥 저 혼자 피투성이가 된 다리를 씻었습니다. 엄마가 그 모습을 보고서는 깜짝 놀라서 저에게 달려왔습니다. 이렇게 다쳤으면 엄마를 부르지 그랬냐고 말했습니다. 그 말을 듣고 나서야 알았어요. 이런 상황일 때는 울면서 엄마에게 달려가 엄마 나

다쳤어, 이런 말을 하는 게 보통이라는 것을요. 그런데 어린 저는 그러지 못했습니다. 누구에게도 의지하지 못한 채 혼자서 피를 닦아내고 있었지요.

한 번은 이런 일도 있었습니다. 당시 제가 살던 집은 문을 사이에 두고 집 안과 밖이 나뉘어 있었습니다. 신발을 벗고 문을 열면 바로 방이 나오는 그런 구조였어요. 저는 집 앞에 서서 엄마가 나오길 기다리고 있었습니다. 그런데 바로 옆집에 사는 친구가 밖으로 나오더라고요. 손에는 면도칼을 들고 있었습니다. 그 친구는 저를 향해 똑바로 다가왔어요. 그 애가 손에 면도칼을 들고 저에게 오는 것을 저도 봤습니다. 알고 있었습니다. 저를 해칠 수도 있다는 것을요. 그런데도 저는 그 애를 막으려고도, 도망가려고도 하지 않았습니다. 심지어 뒷걸음질도 제대로 치지 않고, 그냥 그대로 가만히 서 있었어요. 그 애가 면도칼로 제 어깨를 그을 때까지요. 소리라도 질렀다면 엄마가 바로 달려 나와 막아줬을 텐데 그렇게 하지 못했습니다. 그 정도로 방어 능력이 없는 아이였어요. 외부에서 오는 상처와 위협을 막아야 한다는, 그것으로부터 나 자신을 보호해야 한다는 생각을 하지 못했습니다. 누군가가 해를 끼쳐도 그냥 받아들였어요. 상처든 위협이든 다른 사람이 주는 대로, 나에게 가해지는 대로 받아들일 뿐 피하지 못했습니다.

그 친구가 왜 그런 행동을 했는지는 기억나지 않습니다. 저는 다만 집 앞에 서 있었을 뿐이었는데, 갑자기 나와서 제 어깨를 스윽

그어 버리더군요. 상처가 꽤 깊었습니다. 뼈까지 드러나 보일 정도였으니까요. 뒤늦게 밖으로 나온 엄마가 제 모습을 보고 깜짝 놀라 소리를 지르며 달려왔던 게 생각나요. 그리고 그때 제가 뒷걸음질조차 치지 않았다는 사실도 또렷하게 떠오릅니다.

네, 일곱 살의 저는 누구에게 의지하지도, 저에게 다가오는 상처와 위협을 피하지도 못했습니다. 제대로 대응하지 못한 채 수용적인 태도로 그저 받아들일 뿐이었어요. 이게 소아 우울증의 한 증상이라는 것을 그때는 몰랐습니다. 모르는 채로 어린 시절을 보냈고 별다른 변화 없이 그대로 자랐습니다.

나중에, 한참 시간이 지나고 제가 성인이 되어 직장생활을 하면서야 조금씩 달라지기 시작했어요. 안과에서 간호사로 근무할 때 있었던 일입니다. 직원들을 관리하는 실장님이 한 분 계셨는데 사사건건 트집을 잡으며 후배 직원들을 괴롭히는 스타일이었어요. 게다가 저는 불이익을 주거나 괴롭힘을 당해도 딱히 대응을 하지 않으니 가장 많은 피해를 입었습니다. 그런데 당시 저와 굉장히 친하게 지내던, 제 바로 위의 사수가 실장님에게 꾸중을 듣게 되었습니다. 저와 비슷한 상황이었습니다. 그리고 실제 업무와는 상관없는 일이었어요. 휴게공간인 탕비실에 개인 물품을 두고 다니지 말라는, 괜한 질책이었지요. 그리고 그 사수는 바로 대응했습니다.

"실장님, 이건 아니잖아요."

제 사수가 날 선 목소리로 잘못된 점을 지적하고 맞받아치는 모습을 보고서야 비로소 알았습니다. 저렇게도 말할 수 있구나. 부당한 일을 당하면 저렇게 말해야 하는 거구나. 어쩌면 당연한 일이었는데 저는 그날 그 사수의 말과 행동을 통해서 그 점을 배웠습니다.

그 후로 저는 외부에서 가해지는 상처나 부당한 상황, 여러 가지 압력에 어떻게 대응해야 할지 고민하기 시작했습니다. 퇴근하면 도서관이나 서점에 갔습니다. 서가에서 대인관계에 대한 각종 실용서와 자기개발서를 찾아서 훑어봤어요. 무례한 사람에게 대응하는 법, 무리한 요구를 잘 거절하는 법에 대해 책을 보며 공부하고 연습했습니다. 처음에는 실천에 옮기기 어려웠지만, 꾸준히 책을 찾아보고 끊임없이 연습했어요. 그 결과로 시간이 지났을 땐 저도 실장님의 트집과 괴롭힘에 대응할 수 있게 되었습니다. 스무 살을 훌쩍 넘긴 뒤에야 이뤄낸 변화였습니다.

어릴 때도 어렴풋이 알고는 있었습니다. 내가 위험한 순간에 엄마에게도 의지하지 못하는구나, 누군가가 나에게 해를 가하러 오는데도 막아내지 못하는구나, 그냥 모든 아픔을 얼마간은 체념한 채 받아들이고 있구나, 하고 말입니다. 그런데 알아차리긴 했어도 제 행동을 바꿔볼 생각은 하지 못했어요. 사회생활을 시작한 뒤부터 많은 노력을 쏟아 마침내 조금씩 달라질 수 있었습니다. 이미 사회 초년생으로서 한참 상사와 선배들에게 괴롭힘과 눈총을 받은 뒤였지요. 어린 시절 아빠의 폭력과 부모님의 이혼에서 온 상처가 참 오래도록 저를 괴롭혔습니다. 모두 소아 우울증과 관련된 증상이었을 거예요. 그리고 그 아픔을 이해하고 보듬는 데에는 아파한 시간보다 더 긴 시간이 필요했습니다. 습관을 바꾼다는 건, 생각을 바꾼다는 건 그만큼 힘든 일이더라고요. 하지만 앞으로도 오랫동안 시간을 들여 힘들었던 제 어린 시절을 보듬어주려 합니다. 제가 그만큼 힘들었다는 것을 저는 아니까요. 아마 저만 아는 일일 테지요.

다신 같이 살 수 없다는 걸

부모님은 제가 열 살이 되던 해에 이혼하셨습니다. 아빠는 보험설계사로 일하셨고, 엄마는 전업주부라 경력이 단절된 상태였어요. 아빠의 알코올 중독과 그에 따른 폭력적인 행동이 이혼의 주된 원인이었지만, 아빠에게 경제력이 있었기 때문에 저와 남동생은 아빠와 함께 살게 되었습니다. 당시 사회 분위기상 부모가 이혼하면 아빠가 자녀를 양육하는 게 일반적이기도 했습니다.

그리고 부모님의 이혼이 결정되는 날, 저도 법원에 따라가게 되었습니다. 그런데 그날, 왜 그랬는지 저는 정말 해맑은 아이처럼 행동했어요. 부모님이 이제 이혼해 따로 살게 된다는 것을 이미 알고 있었는데도, 마치 그런 일은 전혀 모른다는 듯 웃고 떠들었습니다. 천진난만한 아이처럼요.

평범한 아이라면 부모님에게 왜 이혼하냐고, 왜 헤어지냐고, 이제 같이 살지 않는 거냐고 울면서 물었을지도 모르겠습니다. 어쩌면 이혼하지 말라고, 한 번만 더 생각해 보라고 설득하려고 했을 수도 있겠지요. 그런데 저는 그날, 부모님의 이혼이 결정되는 그 순간에도 그런 일은 전혀 모른다는 듯 행동했습니다. 저항하지도, 화를 내지도 않았어요. 울지도 않았습니다. 그저 받아들였어요. 부모님이 이혼했고 이제는 엄마와 살 수 없다는 것을요.

이혼하기로 했다는 말을 처음 전해 들었을 때도 저는 딱히 반응하지 않았습니다. 이제 같이 안 살 거라는 엄마의 말을 들었을 때도 왜 그렇게 됐냐고 울고 따져 묻지 않았어요. 그럴 엄두도 내지 못했던 것 같습니다. 다만 이런 생각을 했습니다. 이제 조금은 평화로워지겠구나. 매일 같이 술 마시고 싸우고 때려 부수던 일상이 조금은 달라지겠구나. 어린 마음에 그게 다행이라고 여겼던 것 같아요.

그리고 저의 예상이 어느 정도는 맞아떨어졌습니다. 부모님의 이혼 후 아빠와 살게 되었을 때, 초반에는 집안이 정말 평화로웠거든요. 아빠도 매일 출근해 일하고 멀리 출장을 다니면서도 저와 남동생을 돌보려고 신경을 쓰는 게 느껴졌습니다. 아빠는 원래 술만 마시지 않으면 다정하고 자상한 사람이니까요. 아빠와 싸울 사람이 없어지자 집 안에서 싸움이 그쳤습니다. 큰 소리도 나지 않았고, 그릇이 날아다니는 일도 생기지 않았어요. 함께 아빠가 차려주는 밥을 먹고 같이 티브이를 보다가 잠들었습니다. 저와 남동생은 일단 그게 좋았어요. 오히려 그 변화가 편안하게 여겨졌지요. 물론 엄마가 그립기는 했지만요.

하지만 곧 새로운 변화를 맞게 되었습니다. 새엄마가 생긴 거예요. 아빠와 새엄마가 바로 결혼을 한 것은 아니었습니다. 아빠가 먼저 저와 남동생에게 새엄마를 소개해 주었고, 집에서 인사를 나눴어요. 새엄마의 첫인상은 나쁘지 않았습니다. 사실 새엄마는 무척 좋은 인상을 주는 편이었습니다. 외모도 깔끔하고 단정했고, 표정도 밝은 사람이었어요. 무엇보다도 아이들을 친근하게 대할 줄 알았습니다. 저와도 몇 마디 말을 나눈 뒤 금방 친해졌어요. 저도 큰 장벽 없이 새엄마에게 마음을 열었고요. 부모님의 이혼을 겪으면서 심리적으로 불안하고 불안정한 상태였는데, 어딘가 기댈 곳이 생겼다는 느낌도 강하게 들었습니다.

그래서였을까요. 아빠와 새엄마가 결혼하기 전, 종종 새엄마가 집에 오는 날이면 저는 현관문을 열자마자 기분이 좋아졌습니다. 문을 열고 새엄마의 신발이 있는 걸 보면 불쑥 반가운 마음이 일기도 했어요. 외롭고 어린 마음에 금방 마음의 문을 열어버렸던 것 같아요.

두 분이 결혼한 뒤에도 저는 꽤 오랫동안 새엄마에게 고마움을 느꼈어요. 자신이 낳은 자식도 아닌데 저와 남동생을 이렇게까지 보살펴 준다는 게 정말 감사했습니다. 하지만 얼마 지나지 않아 새엄마의 정신적인 학대가 시작되었고, 저도 남동생도 그 과정에서 많이 힘들어졌어요. 특히 부모님이 이혼하기 전부터 아빠와 새엄마가 서로 만나는 사이였다는 걸 안 뒤로는 새엄마를 보는 게 더 힘들었습니다. 물론 이런 일들은 한참 뒤에야 알게 되었고 열 살이던 저는 새엄마를 마냥 좋아하며 잘 따랐지만요.

그래도 저를 낳고 키운 친엄마에 대한 그리움은 마음 한구석에 늘 자리 잡고 있었습니다. 부모님이 이혼하신 후 얼마 지나지 않아서 친엄마를 만날 기회가 생겼습니다. 어떤 이유였는지 식당 같은 곳도 아닌 그냥 동네 길모퉁이에서 만나 이야기를 나눴습니다. 남동생과 저는 엄마를 부르며 달려가 품에 안겼습니다. 그러고는 한동안 엄마를 빤히 보고만 있었어요. 아마 어떤 말도 쉽게 할 수 없었던 게 아니었을까요. 엄마가 너무 그리웠고 이렇게라도 볼 수 있어서 정말 반가웠지만, 다시는 같이 살 수 없을 거라는 사실을 어린 마음에도 알았던 것 같습니다.

동시에 저는 그것도 알고 있었어요. 엄마가 집에 없으니까 싸움도 없다는 것을요. 가장 편안함을 느끼고 안정감을 느껴야 할 가정에서, 부모님이 있는 집에서, 매일 싸움이 일어나고 욕설이 오가는 게 아이였던 저에게는 정말 힘들었습니다. 그리고 그때 느꼈던 고통은 억눌리고 쌓이다 못해 제가 지금까지도 안고 살아야 하는 짐이 되었습니다. 우울증이요.

어릴 때에는 가끔, 부모님이 이혼하지 않았으면 어땠을까 생각한 적도 있습니다. 하지만 역시 싸움이 더 싫었습니다. 심지어 엄마와 떨어져 있는 것보다도요. 유아기에 아이가 가정에서 편안함을 느끼는 것이 얼마나 중요한지 저는 몸소 깨달았습니다.

가장 큰 피해자는

 상처를 별다른 대응 없이 그대로 받아들였던 또 다른 경험이 있습니다. 이번에는 남동생과 관련된 사연이에요. 저와 남동생은 한 살 차이로, 어릴 때부터 친구처럼 가깝게 지냈습니다. 아빠의 폭력을 함께 겪고 부모님의 이혼도 함께 감당하면서 남동생과 저는 서로에게 깊이 의지하게 되었습니다.

 하루는 남동생과 동네 놀이터에서 놀고 있었습니다. 어디서 난 것인지 남동생이 축구공을 가져와서 함께 가지고 놀았습니다. 공놀이가 끝날 때쯤, 남동생이 저에게 냅다 공을 던지더라고요. 직전까지는 발로 공을 차며 놀고 있던 터라 저는 날아오는 공을 어떻게 막아야 할지 알지 못했습니다. 저를 향해 날아오는 공을 그저 가만히 보고만 있었어요. 그리고 공은 제 어깨를 때리고 바닥에 떨어졌습니다. 그 모습을 본 남동생은 저에게 뛰어왔습니다. 그러곤 공이 치고 간 자리를 어루만지면서 물었어요.

"왜 피하지 않았어?"

목소리에는 놀란 기색이 역력했습니다. 남동생과 저는 한참 잘 놀고 있었고, 동생 딴에는 놀이를 이어가려 장난을 친 것이었지요. 저를 아프게 하거나 다치게 하려는 마음은 전혀 없었을 것입니다. 저에게 늘 기대고 의지하던 남동생이 미안해하는 눈으로 저를 봤어요. 왜 피하지 않았냐고 다시 한 번 물었습니다. 제 어깨에서 손을 떼지 못한 채로 걱정스럽게요. 저희 둘뿐이라 유독 돈독한 남매지간이었거든요. 그러니 더 걱정이 됐을 겁니다. 어쩌면 남동생은 제가 공에 맞아 아픈 것보다, 피하지 않은 제 태도를 더 걱정했는지도 몰라요. 공이 날아오는 것을 알면서도 제가 그걸 빤히 보며 가만히 서 있었으니까요.

생각해 보면 저는 그 시절부터 이미 우울증을 겪고 있었던 것 같습니다. 물론 소아 우울증이니 유아 우울증이니 하는 말은 성인이 되어서야 알게 되었지만요. 소아 우울증이 결국 성인 우울증으로 이어진다는 것도 나중에야 알았습니다. 그렇게 한 번 시작된 우울증은 잠깐 괜찮아졌다가도 불쑥불쑥 다시 찾아오더라고요.

어린 시절 제 우울감의 원인은 주로 아빠의 폭력과 폭언이었습니다. 이것도 성인이 되어서야 알게 된 사실이지만, 알코올 중독인 사람은 당사자뿐만 아니라 가족들까지 치료를 받아야 한다고 해요. 알코올 중독자의 가족들도 그 과정에서 많은 고통을 겪기 때문에 치료 모임이 따로 있다는 것도 뒤늦게 알게 되었습니다. 제 우울증의 최초 원인은 아빠의 알코올 중독인데, 어릴 때는 이런 정보를 전혀 몰랐으니 우울감을 속으로 삭이며 병을 키우고 있었던 거예요.

그러다가 부모님이 이혼하고 나자 이혼 사실 자체가 저에게 또 다른 우울감의 원인이 되었습니다. 사실 저만 그런 게 아니라 대부분의 아이들이 부모에게 받은 상처, 특히 부모의 이혼으로 받게 되는 상처를 저항하지 못하고 그대로 흡수한다고 합니다. 다만 형제자매 사이의 관계나 가족의 상황 혹은 아이의 성격에 따라 조금씩 차이가 있을 수는 있겠지요. 제 동생 같은 경우에도 누나인 제가 위에 있었기 때문에 아마 그 충격이 조금은 덜 했을 거예요. 당연히 동생도 부모님의 이혼으로 받은 상처가 있었겠지만, 제가 중간에서 동생의 상처를 덜어주려고 노력을 많이 했어요. 아무래도 누나이다 보니 되도록 제가 스펀지처럼 그 상처를 흡수해서, 동생에게는 조금이라도 덜 가게 하려고 신경을 쓸 수밖에 없었지요. 제가 쿠션이 돼서 동생에게 갈 충격을 조금이라도 줄여주고 싶었습니다. 어릴 때였지만 그런 생각을 했던 것 같아요.

하지만 대부분의 아이들은 부모의 폭력성이나 이혼에서 오는 충격과 상처를 그대로 받아들이게 됩니다. 그 아픔은 결국 평생 아이의 마음에 남게 되겠죠. 저는 이 점에 대해서 이야기하고 싶습니다. 이 책을 읽는 모든 부모님께요. 많은 부모들이 아이를 고려하기보다 자신의 입장에서 싸우고 이혼을 결정합니다. 그런데 가장 큰 피해자는 아이들이에요. 이혼을 하더라도 최대한 아이가 상처받지 않도록 신경을 써주시면 좋겠습니다. 물론 아이에게 조금도 상처를 주지 않을 수는 없겠지요. 그렇다고 해도 부모가 아이에게 최대한 초점을 두고, 아이의 입장과 마음을 고려해서 이혼을 진행하면 조금은 다르지 않을까요.

이혼 사실을 전달하는 과정에서도 아이에게 지금 부모님이 어떤 상황인지, 왜 이런 결정을 하게 되었고, 앞으로는 어떻게 될 것인지 하는 점을 차근차근 설명해 주어야 한다고 생각해요. 사소한 한마디가 아이의 마음에 큰 상처를 줄 수 있으니, 더욱 신경 써서 표현해 주시면 아이도 상처를 덜 받게 될 것 같습니다.

저도 2023년에 이혼을 했고, 그때 제 아이와 오랫동안 이야기를 나눴습니다. 이혼 직전에 저는 몸과 마음이 아파서 매일 누워서 지냈는데, 제 아이가 그 모습을 옆에서 다 지켜봤어요. 제가 매일 끙끙 앓고 괴로워하는 모습을요. 아이들은 다 알더라고요. 제 아이는 제가 얼마나 아픈지, 왜 아픈지를 저보다도 더 잘 알고 있었습니다. 그 감정과 고통을 아이도 저와 같이 느끼고 있었던 거예요.

어느 순간 아이에게서도 우울증의 조짐이 보여서 저는 그게 가장 두려웠습니다. 유치원 선생님이 보내준 사진을 보면 아이가 웃고 있는 사진이 하나도 없었어요. 다른 아이들은 웃고 있는 장면 속에서도 제 아이는 어딘가 어둡고 우울해 보였어요. 그래서 아이와 이혼에 대한 대화를 시작했습니다. 이혼을 결정할 당시, 저는 남편과의 대화보다 아이와의 대화를 훨씬 더 중요하게 여겼습니다.

부부는 상대의 외도나 성격 차이, 잦은 다툼 등의 여러 이유로 이혼을 결정하지요. 그런데 그 순간 아이들의 의견은 얼마나 고려될까요? 부부 두 사람의 관계만 생각해 이혼을 결정하면 자칫 아이들이 상처를 받을 수 있다는 점을 꼭 말씀드리고 싶어요. 아이들도 그 모든 순간 부모가 느끼는 갈등과 아픔을 고스란히 다 느끼고 있다는 점도요. 그리고 그 기억은 평생 남습니다. 저는 아직도 우울증 치료를 받고 있어요.

부모 이혼 후 아이에게 남겨지는 상처는 여기서 끝나지 않습니다. 아빠의 재혼으로 새엄마가 생겼을 때, 그 새엄마와의 관계에서 받은 상처 또한 제 마음 깊은 곳에 아직도 남아 있어요. 하지만 만약 이혼한 부모가 재혼하지 않는다면, 아이는 엄마의 부재를 안고 성인이 돼야 하겠지요. 엄마의 보살핌 없이요. 그런 경우에는 그것 또한 아이에게 또 하나의 상처가 될 수 있을 것 같아요.

이혼 후 재혼을 결정하는 과정에서도 여러 갈등이 생길 수 있습니다. 얼마 전 제 전남편의 카카오톡 프로필을 보고 깜짝 놀랐습니다. 새로 만난 사람과의 관계에 대해 프로필에 올려두었더라고요. 그걸 보고 저는 아이가 걱정됐어요. 혹시 보지는 않았을까. 마음이 상하지는 않았을까. 불가피하게 이혼할 수는 있지만, 이혼을 결정한 후에는 사소한 부분까지 아이의 마음을 고려해 행동해야 상처를 줄일 수 있습니다. 그 상처가 평생을 간다는 점을 생각하면 더더욱 주의할 필요가 있어요. 특히 아이들은 그 우울한 감정을 겉으로 드러내지 못하고 속으로 삭이기 쉽기 때문에 어른들이 더 신경을 써야 합니다.

제 경우를 말씀드리면, 저는 어릴 때부터 우울증으로 괴로워하면서도 시기를 놓쳐 아이를 가진 뒤에야 치료를 시작했습니다. 제 우울증이 아이에게 이어진다는 것을 알게 된 이후로요. 그건 정말 죽기보다 싫었습니다. 제가 겪은 우울감을 아이에게 느끼게 하고 싶지 않았어요. 하지만 병원에 다니고 열심히 치료에 임해도 완전히 낫지는 않았습니다. 괜찮아졌다가도 어느 순간 다시 무기력해지고, 가슴이 답답해졌어요. 아마 앞으로도 계속 치료를 받아야 할 것 같습니다. 부부 생활의 중대한 결정을 내릴 때에도, 부모가 아이를 조금 더 신경 써서 우리의 아이들은 이런 고통을 모르길 바랍니다.

구름다리를 건널 용기

초등학교 1학년 때의 일이 아직도 가끔 기억납니다. 당시 저는 소극적이고 겁이 많은 아이였어요. 친구들과는 잘 지냈지만, 숫기가 없고 잘 나서지도 않는 편이었습니다. 한번은 담임 선생님이 면학 분위기를 위해 특단의 조치를 취한 적이 있었습니다. 수업 시간에 뒤돌아보며 다른 친구들과 떠들지 말라고, 뒤를 돌아보는 사람의 이름을 칠판에 적으라고 반장에게 시킨 거예요. 그렇게 걸린 사람이 칠판에 자기 이름을 적은 다음 뒤돌아보는 다른 사람을 잡아내 앞으로 불러내면, 그 사람이 다른 사람을 또 잡아내는 식이었습니다.

그런데 제가 그만 지우개를 바닥에 떨어뜨린 거예요. 지우개는 또 하필 뒤쪽으로 떨어졌습니다. 지우개가 굴러떨어진 순간부터 저는 당황했습니다. 그래도 어떻게든 상황을 무마하고 싶었기 때문에, 최대한 뒤를 보지 않으려고 애쓰며 겨우 지우개를 주웠습니다. 그랬는데도 앞에 서 있던 아이가 저를 지목했고, 저는 그만 그 자리에서 울어버렸어요. 참으려고 했는데 참아지지 않아 결국엔 엉엉 소리 내어 울었습니다. 그때는 그게 왜 그렇게 큰일처럼 느껴졌는지, 울음이 금방 멈추지 않았습니다. 어릴 때 제가 그만큼 소극적이고 숫기가 없었어요.

특히 체육 시간에는 더 그랬습니다. 피구라도 하는 날에는 특히 힘들었지요. 피구라는 운동이 원래 그렇잖아요. 공에 맞을 수도 있고, 날아오는 공을 잡아야 하고, 심지어는 다른 친구를 향해 공을 던져서 맞춰야 하니까요. 하지만 피구만큼 활동적이지 않은 종목에 참여할 때도 저는 어려워했습니다.

구름다리를 기억하시나요? 성인이 된 지금 보면 그렇게 높지도 않고, 무서울 것도 없는데 어릴 때는 그 구름다리가 왜 그렇게 높고 위험해 보였는지 모르겠어요. 그날은 체육 시간이라 반 친구들과 함께 운동장에 나갔습니다. 운동장 구석에 놓인 구름다리로 다 함께 이동했지요. 그 앞에서 줄을 맞춰 서 있다가 순서를 기다려 한 사람씩 구름다리에 올랐습니다. 다른 친구들은 씩씩하게 구름다리를 붙잡고 한 칸 한 칸 앞으로 나아갔어요. 망설이거나 겁내지 않더라고요. 그런데 저는 무서웠습니다. 너무 높아 보였어요. 구름다리를 붙잡고 앞으로 나아가야 하는데 손조차 댈 수 없었어요. 지금은 성격이 조금 달라졌지만, 당시에는 겁도 많았고 다른 아이들은 다 할 수 있는 걸 나만 못하는 것 같아서 금세 주눅이 들었습니다. 그래서 다른 아이들이 구름다리를 건너가는 걸 보면서 옆으로 비켜서 있었어요.

그때 담임 선생님이 제 옆으로 왔습니다.

"하윤아, 우리 이거 해볼래?"

선생님이 저를 다독이면서 구름다리 쪽으로 데려가려고 하는데, 저는 좀처럼 움직이지 못했던 것 같아요.

"선생님이 도와줄게. 같이 해보자."

같이 해보자는 선생님의 말이 마치 마법의 주문처럼 느껴졌습니다. 도와준다는 말도 저에게 힘을 주었어요. 왠지 할 수 있을 것 같았습니다.

그래서 저는 선생님과 함께 구름다리 앞에 섰습니다. 하지만 여전히 손으로 봉을 움켜잡고 구름다리에 매달릴 용기도, 앞으로 나아갈 용기도 나지 않았습니다.

"선생님이 밑에서 잡아줄게. 매달려 봐."

선생님의 말에 저는 고마우면서도 조금 놀랐어요. 당시 담임 선생님은 젊은 여자 선생님이었습니다. 그리고 어린 제 눈에는 정말 예쁜 분이었어요. 길고 윤기 나는 생머리를 어깨 아래까지 늘어뜨리고, 단정한 스커트를 자주 입었거든요. 피부도 하얗고 고왔습니다. 그런데 그런 선생님께서 직접 잡아주겠다고 말씀하시더니 바로 상체를 숙여 저를 안았습니다. 저도 용기를 내어 줄지어 늘어선 구름다리 봉 중에 하나를 잡았습니다. 선생님이 든든히 잡아주고 있었기 때문에 구름다리에 매달릴 수 있었습니다. 이제 한 손을 놓아 앞에 있는 봉을 잡고 한 칸 나아갈 수도 있었어요.

"하윤아, 정말 잘한다."

선생님의 목소리에 더욱 힘이 났어요. 그렇게 한 칸 두 칸 나아가다가 어느 순간 힘이 풀려 손이 미끄러지려 했습니다. 당황한 저는 구름다리 봉을 다시 잡으려고 손을 뻗다가 그만 다리도 멋대로 휘둘러 버렸습니다. 그러고서는 저를 잡고 있던 선생님의 얼굴을 발로 차 버렸어요. 정말 예쁘다고 생각했던 선생님의 얼굴을요. 그동안 하얗고 곱다고 생각해 온 선생님의 피부에 제가 까만 발자국을 남기고 말았습니다.

얼마나 죄송했는지 몰라요. 바로 내려가 선생님에게 죄송하다고 여러 차례 사과했습니다. 물론 선생님은 괜찮다고 대답했어요. 제 발에 차인 얼굴이 아팠는지 표정에서는 얼핏 고통이 느껴졌는데 내색하지 않으려고 애쓰셨습니다.

사실 선생님은 저를 그렇게까지 도와주지 않아도 됐을 거예요. 귀찮은 일이기도 하고요. 제대로 따라오지 못하는 학생이 있더라도, 사실 그냥 적당히 달래서 시도하게 하거나 계속 못 하면 그만하자고 말할 수도 있었을 겁니다. 그런데 제 담임 선생님은 그렇게 하지 않았어요. 어린 저에게 같이 해보자고 말해주었습니다. 할 수 있도록,

제가 두려움을 이겨낼 수 있도록 힘을 주었습니다. 그때의 일에 영향을 받아 저는 체육 시간에 조금 더 자신감을 가지고 참여할 수 있었어요. 지금 생각해도 선생님에게 정말 감사할 뿐입니다. 엄마가 된 뒤에 그때의 일을 돌아보니 그게 얼마나 어려운 일이었는지 알게 되었거든요.

그리고 선생님의 도움 덕분에 저도 다른 사람들을 힘닿는 데까지 도와줘야겠다고 생각하게 되었습니다. 그때부터 저는 주변 친구들에게 제가 줄 수 있는 도움은 주려고 노력하게 됐어요. 한 칸씩 나아갈 수 있도록 구름다리 위에서 선생님에게 받은 힘을, 저는 요즘에도 다른 사람들에게 나눠주려고 노력합니다. 누군가 한 걸음 더 나아갈 수 있도록 곁에서 손 내밀고 뒤에서 밀어주는 사람이 되고 싶어요. 그렇게 누군가의 어깨에 짊어진 짐과 두려움을 조금이라도 나눠서 질 수 있다면 얼마나 좋을까요. 그렇게 살아갈 수 있다면요.

캐러멜의 교훈

어릴 때 집에 돈이 많지 않았어요. 아빠가 일해서 벌어오는 돈도 그렇게 넉넉하지 않았던 것 같고, 그래서인지 엄마는 부업을 했습니다. 주로 액세서리를 만드는 일감을 집으로 가져와, 집에서 목걸이나 팔찌, 반지 등을 만들곤 했습니다. 그런 형편이라 저와 남동생도 용돈이 여유롭지 않았습니다. 어릴 때잖아요. 한참 먹고 싶은 것도 많고, 사고 싶은 것도 많은 시기였지요. 하지만 쓸 수 있는 돈이 여유롭지 않으니 남동생과 저는 늘 얼마간 불만을 가지고 있었던 것 같아요. 그런 마음을 아빠나 엄마에게 내색할 수는 없었지만요.

엄마처럼 부업을 하는 아주머니들이 자주 저희 집에 왔습니다.

가느다란 실과 큐빅과 모조 진주 등을 거실 한가운데 부려놓고 함께 이야기를 나누며 일하곤 했어요. 큰 소리로 이런저런 이야기를 나누면서 일에서 오는 스트레스를 풀었겠지요. 가족들 간의 문제, 당시 유행하던 드라마 내용, 동네에 새로 생긴 가게에 대한 이야기 등이 주로 대화 주제가 되었습니다.

그리고 엄마가 다른 아주머니들과 함께 일하는 시간이 저와 남동생에게는 좋은 기회가 되어주었습니다. 엄마가 일을 하고 손님들과 얘기를 나누느라 정신없는 틈을 타서 돼지저금통을 털었거든요!

돼지저금통은 부엌 찬장 안쪽에 놓여 있었습니다. 엄마가 안쪽 깊은 곳에 넣어두었어요. 찬장까지의 높이도 꽤 되었고요. 아마도 저와 남동생이 손대지 못하게 하려고 거기에 둔 것 같았어요. 거실에서 엄마와 아주머니들이 소란스러운 틈을 타 동생과 저는 부엌 찬장 앞을 기웃거렸습니다. 손이 닿을 것 같지 않아서 처음에는 포기하려고 했어요. 무엇보다도 엄마가 열심히 부업을 해서 모은 돈을 가져다 쓰자니 좀 망설여지기도 했습니다.

그런데, 그래도, 한창 단 걸 좋아하던 때였고 저는 캐러멜이 먹고 싶었어요. 달콤한 캐러멜을 입에 넣고 살살 굴리다가 적당히 녹았을 때 천천히 씹어서 삼키면 단맛이 입안 가득 퍼지곤 했으니까요. 그 시절, 남동생은 '아폴로'라고 하는 불량식품에 빠져 있었습니다. 저희 둘 다 무언가 달콤한 게 필요했던 시절이었나 봅니다. 그래서 제가 용기를 내보기로 했습니다. 누나로서요!

저는 부엌 식탁 의자를 하나 가져와 찬장 앞에 놓았습니다. 얼추 보니 의자 위에 올라가 손을 뻗으면 닿을 것 같았어요. 막상 의자에 오르려고 했을 때는 좀 겁이 나기도 했지만, 남동생의 손을 잡고 의자에 올라갔습니다. 의자에 올라 찬장 문을 열고 안으로 깊숙이 손을 뻗자 돼지저금통 끄트머리가 만져졌습니다. 딱딱하고 차가웠어요. 하지만 그때는 그 차가움이 몹시 반가웠습니다. 천천히 손에 힘을 주고 저금통을 조금씩 앞으로 당기다가, 마지막에는 두 손으로 돼지저금통을 들어 찬장 밖으로 꺼냈습니다. 두 손에 든 돼지저금통이 꽤 무거웠어요.

동전이 들어가는 구멍 부분을 티 나지 않게 칼로 조금 뜯었어요. 아주 조금요. 그리고 저금통을 뒤집어 동전이 구멍 쪽으로 모이도록 해놓고 뜯은 부분을 누르니까 동전이 하나씩 빠져나왔습니다. 동전을 몇 개 꺼내서 남동생에게 먼저 줬습니다. 둘 다 집에 없으면 이상할 것 같아서 동생을 먼저 나갔다 오게 한 거예요. 혹시라도 엄마가 저나 동생을 찾았는데 둘 다 없으면 이상하게 여길 것 같았거든요. 나름대로 치밀하게 준비한 셈이었지요.

동생이 먼저 아폴로를 먹고 온 뒤에 제가 동전을 몇 개 꺼내서 대문 밖으로 나왔습니다. 캐러멜을 사러 슈퍼로 달려갔어요. 신나게 달려가서 캐러멜을 샀습니다. 12개가 들어 있는 캐러멜 곽 안에서 얼른 1개를 꺼내 입에 넣었지요. 입 안에서 부드럽고 달콤하게 녹는 캐러멜이 얼마나 맛있었는지 몰라요. 금세 다 먹고 집에 와서 다시 돼지저금통에서 동전을 꺼냈습니다. 이번에도 동생을 먼저 다녀오게 하고, 저는 동생이 집에 오면 다시 슈퍼로 달려갔어요.

그런데 집에 돌아오니 엄마가 동생을 야단치는 소리가 대문 밖까지 들려왔습니다. 걸린 것이에요! 엄마는 화난 목소리로 소리를 질렀고 동생은 울고 있었습니다.

"잘못했어요, 엄마."

동생은 울면서도 엄마에게 잘못했다고 말했어요. 반면에 저는 눈물이 나오지는 않았습니다. 엄마가 회초리를 가져와 눈앞에 들이미는데도 울거나 잘못했다고 말하지 않았어요. 얼마간은 '맞을 일을 했으면 맞아야지' 하는 체념의 마음이었던 것 같아요. 한편으로는 그즈음 곧잘 그랬던 것처럼, 엄마가 때리려는 것을 저항하지 않고 그냥 받아들였던 것 같기도 합니다. 어쨌거나 엄마가 제 앞에서 화를 내는 동안에도 캐러멜의 달콤한 향은 입 안에 여전히 감돌고 있었습니다.

엄마에게 크게 혼난 뒤로 저와 남동생은 다신 돼지저금통에 손을 대지 않았습니다. 다만 저에게는 습관이 하나 생겼습니다. 돈을 모으기 시작한 것이지요. 원래는 설날이나 추석에 친척들에게 돈을 받으면 바로 젤리나 캐러멜을 사 먹고는 했는데요, 그 일이 있고 난 뒤에는 그런 돈을 꼬박꼬박 모으게 되었습니다. 그 일이 제가 돈을 조금 더 소중하게 여기게 된 계기가 되어 주었습니다.

돈은 금세 천 원이 됐고, 만 원이 됐습니다. 그런데 또 문제가 생기더라고요. 저에게 돈이 있다는 걸 가족들이 알아차리기 시작했어요. 아빠는 출근해 일하느라 주로 외부에 있어 잘 몰랐는데, 엄마와 동생은 제가 돈을 가지고 있다는 걸 금방 눈치챘습니다. 그리고 가끔 저에게 돈을 빌려 갔습니다. 특히 엄마는 만 원이나 빌려 가고 갚지 않을 때도 있었어요. 당시 만 원이면 정말 큰돈이었거든요. 하지만 엄마가 돈을 돌려주지 않더라도 저는 달라고 말하지 못했습니다.

제가 사고 싶은 것을 사고, 먹고 싶은 것을 먹으려고 돈을 모은 건데 빌려 가서 갚지 않으니 불만이 생기기도 하더라고요. 그렇지만 집안 형편을 알고 있었으니, 한편으로는 엄마의 사정이 이해가 되기도 했습니다. 무엇보다도 어린 시절의 실수를 통해 절약하는 습관, 돈을 모으는 습관을 만들게 된 것 같아서 그 부분은 지금도 뿌듯합니다. 엄마 몰래 동생과 돼지저금통을 털다가 엄마보다 돈을 더 많이 모으게 될 줄은 누가 알았겠어요!

아빠에 대한 마음들

 지금 생각해도 제 아빠는 좀 이상한 사람이었습니다. 술만 마시면 사람을 때리고 욕하고 괴롭혔는데, 술을 마시지 않을 때는 한없이 다정했습니다. 어릴 때 저는 그게 이상하기만 했습니다. 그런 아빠를 이해하지 못했어요. 아빠가 왜 그러는지, 아빠의 마음이 어떤지 그때는 헤아려볼 생각을 하지 못했습니다. 너무 어렸던 탓이었겠죠.

 부모님이 이혼한 뒤 새엄마가 집에 들어오기까지 세 달 정도 시간이 있었습니다. 그 사이에는 저와 남동생과 아빠, 이렇게 셋이서만 살았습니다. 세 사람이 함께 살았던 거의 유일한 시간이었어요. 그리고 그 시간은 지금 돌아봐도 무척 따뜻했어요. 제 인생에서 다시 없을 만큼 평온한 날들이었다고 기억됩니다.

그 세 달 동안 아빠는 아침마다 제 머리를 묶어주었어요. 엄마와 함께 살 때 엄마가 매일 아침 공들여 제 머리를 묶어주고, 옷을 챙겨 입히고 했던 모습을 아빠도 알고 있었던 것입니다. 사실 아빠는 엄마가 공들여 꾸며준 제 모습을 좋아했던 것 같아요. 그래서 아빠도 아침에 출근하기 전, 저를 앉혀 놓고 제 머리를 그러모아 고무줄로 묶어주었습니다. 머리카락을 조금씩 모아 손에 그러쥐고, 튀어나오는 부분이 없도록 신경을 기울여 제 머리를 만졌지요. 손에 힘을 빼고 조심조심 다루는 게 저에게도 느껴졌어요. 아빠의 손길에는 저를 세심하게 배려하는 마음이 녹아 있었습니다.

아빠는 아침저녁으로 집에서 저와 남동생이 먹을 음식을 만들어주었고, 밥도 직접 차려주었습니다. 회사에 다니며 일을 하는 것만으로도 바빴을 텐데, 저와 남동생이 먹을 반찬에도 신경을 썼고 계란말이며 된장국 같은 음식을 손수 만들어서 저희에게 먹였습니다. 당시에도 그런 모습이 좀 안쓰럽게 느껴졌어요. 그전까지 아빠는 엄마가 차려주는 밥상을 받아먹는 사람으로 기억되어 있었기 때문이에요. 물론 남자도 집안일을 거들고 자녀를 돌보는 게 당연합니다만, 당시에는 아빠에게 그런 일이 쉽지 않을 거라는 생각이 더 컸습니다. 아빠가 저와 동생을 위해 노력했던 그 순간들은 나중에 시간이 흘러서도 생생할 만큼 제 머릿속에 깊이 남았어요. 요즘에도 저는 그때의 일을 떠올리면 눈물이 나곤 합니다.

물론 아빠가 잘못했기 때문에 엄마와 이혼하게 된 것이고, 그 책임은 아빠에게 있다는 걸 저도 알고 있었어요. 우리와 함께 살지 않는 엄마를 원망한 것도 아니었습니다. 다만 아빠가 원래 그런 사람이 아니라는 사실도 잘 알고 있었기 때문에, 아빠는 원래 엄마가 차려주는 밥을 먹고, 출근했다 퇴근하고, 마음 내키는 대로 술을 마시는 사람이었기 때문에, 그때 아빠가 저와 동생에게 보여준 헌신이 더 뭉클했던 것 같아요. 원래는 그런 사람이 아닌데도 저와 동생을 돌보기 위해 변화된 모습을 보여줬다는 게 아직도 제 마음을 짠하게 만듭니다.

당시에는 학교에서 현장 학습이라도 간다고 하면 집에서 다 준비해 가야 했습니다. 도시락 같은 걸 사서 먹을 수도 없었으니까요. 그런 일정이 생기면 아빠는 일찍 일어나 도시락까지 다 챙긴 다음 저희를 밥 먹여 학교에 보냈습니다. 도시락의 단골 메뉴인 김밥까지는 만들지 못했지만, 대신 유부초밥을 만들어서 저와 동생 손에 쥐여주었어요. 저녁에도 퇴근 후 술을 마시지 않고 바로 집에 들어왔고요. 삼 개월. 짧다면 짧은 기간이었지만, 그 시간 동안 아빠의 사랑을 깊이 느낄 수 있었어요.

지금 저는 이런 생각을 합니다. 친엄마와 새엄마 두 엄마에 대한 기억은 사실 마냥 따뜻하지만은 않아요. 그런데 저와 남동생을 돌보며 함께 살던 그 시간 동안 아빠가 보여준 모습은, 이혼 후에도 자녀들을 포기하지 않으려 했던 아빠의 굳은 의지였다고 생각합니다.

특히 아빠는 저를 유독 예뻐했어요. 남동생이 소외감을 느낄 정도로 저를 유난히 아꼈죠. 그래서였는지 결혼 후 제가 시댁과 갈등을 빚자 아빠가 제 편을 들며 나서기도 했습니다. 한번은 제가 임신 직후 입덧으로 힘들어할 때 아빠와 통화한 적이 있습니다. 아빠에게 입덧 때문에 음식 냄새만 맡아도 속이 울렁인다고 하소연을 하는데, 시어머니가 바로 옆에서 큰 소리로 말했습니다.

"그건 네가 예민해서 그래. 누군 입덧 안 했니? 입덧 안 하고 애 낳는 여자가 어딨어."

저는 시어머니의 말에 아무런 대꾸도 하지 못한 채, 아빠에게도 아무 말도 하지 못하고 있었어요. 그런데 수화기 너머로 그 말을 들은 아빠가 먼저 말했습니다.

"아빠가 갈끄나? 갈끄나 지금?"

아빠의 목소리에서 진심 어린 마음이 전해졌고, 저는 그 순간 울컥 눈물이 났습니다. 나를 위해 아빠가 이렇게 마음을 써주는구나, 내가 힘들 때 아빠가 달려와 주겠구나, 하고 그 순간 깨달았습니다. 만약 저를 가장 사랑해줬던 사람이 누구냐고 질문을 받는다면, 저는 아빠라고 대답할 거예요. 자신 있게 그렇게 말할 것입니다.

출산 후 제가 우울증 치료를 받기 시작한 후에는 이런 일도 있었습니다. 하루는 아빠 집에 가서 시간을 보내게 됐는데, 아빠가 소파에 앉아 작은 아빠와 통화하고 있었습니다. 아빠가 통화하며 말하는 소리가 제가 있는 부엌까지 고스란히 전해졌어요.

"내가 지금껏 일해서 너 먹여 살리고, 학교 보내고, 집 해줘서 살게 하고, 그러지 않았냐? 그렇게 다 키워줬는데 이것이 고마운 줄을 몰라."

그때 아빠는 술에 취한 상태였고, 한 말을 또 하고 또 하며 작은 아빠에게 술주정을 부리고 있었던 거예요. 사실 그 말들은 아빠가 술에 취하면 작은 아빠에게 자주 하던 레퍼토리였습니다. 저도 이미 익숙하게 들어왔던 내용이지요. 그런데 그런 모습을 바라보는 제 생각이 달라졌습니다. 예전 같았다면 저 레퍼토리가 또 나왔다고, 아빠가 술만 마시면 하는 저 얘기를 또 한다고 생각했을 거예요. 그런데 당시 저는 우울증 치료를 받으면서 제 마음에 대해 조금씩 알아가던 시기였습니다. 그래서 아빠의 그런 말과 행동을 예전과는 다르게 받아들일 수 있었어요. 아빠가 아프구나, 하는 생각이 들었던 것입니다. 저는 그제야 아빠의 마음이 아프다는 것을 알게 되었습니다. 예전에는 단순히 아빠에게 알코올 중독증이 있다고만 생각했습니다. 술을 마시는 게 문제라고요. 무엇이 아빠에게 술을 마시게 하는지까지는 미처 생각하지 못했습니다. 그런데 그 순간 아빠도 마음이 아프다는 것을 깨닫게 됐고, 제가 먼저 아빠에게 말했습니다.

"아빠 아프지?"

아빠 가슴에 손을 얹고 다시 말했어요.

"여기가, 여기가 아프지? 그런 거지?"

아빠는 당황한 채 입을 다물었지만, 가만히 고개를 끄덕이며 저를 보았습니다. 수긍의 눈빛이었어요. 그때 얼마나 짠하고 마음이 아팠는지 모릅니다. 왜 그동안 아빠가 아프다는 걸 몰랐을까, 왜 몰라 줬을까, 하는 후회가 밀려왔어요. 아빠도 이미 연세가 있는 상태에서, 저도 나이를 먹고 나서야 알아버린 것이죠.

그때부터 제가 아빠에게 우울증 치료를 같이 받으러 가자고 설득했습니다. 나도 받고 있는데 마음이 좀 나아진다고, 아빠도 나랑 같이 치료 받으러 가자고 권했습니다. 그동안 아프고 힘들었을 아빠의 마음을 병원에서 치료해 준다고요. 설득 끝에, 그렇게 아빠와 함께 병원에 다니기 시작했습니다.

다행히 우울증 치료를 시작한 뒤로 아빠는 한층 밝아졌습니다. 그 후로도 아빠는 저와 함께 꾸준히 병원에 다녔어요. 병원에 갈 때마다 아빠는 고마워했습니다. 아빠의 아픈 마음을 저만 알아줬다고 느꼈나 봐요. 저를 생각해서 더 열심히 치료를 받았던 것 같아요.

병원에 갈 때 종종 새엄마가 동행하기도 했습니다. 당시 저는 이미 알코올 중독자의 가족도 치료를 받아야 한다는 사실을 알고 있었습니다. 그래서 새엄마에게도 치료를 권했어요. 사실 새엄마도 마음이 여유롭거나 정신적으로 풍족한 사람은 분명 아니었기 때문에, 저는 새엄마도 치료가 필요하다고 느꼈어요. 아빠로부터 받는 스트레스가 가족 중에 가장 심했을 테니까요. 그런데 새엄마는 함께 치료를 받진 않았어요. 그건 새엄마의 결정이니 제가 관여할 수 없는 일이었습니다. 그 점은 아쉬움으로 남았어요. 하지만 늦게라도, 아빠의 마음을 치료할 수 있도록 도운 게 정말 다행이었지요. 그렇게 늦게라도, 아빠를 조금 더 이해할 수 있어서 저 역시 감사했습니다.

자기 인생을 살면 좋겠다고

부모님이 이혼하신 후 세 달쯤 지났을 때 새엄마와 함께 살게 되었습니다. 당시 저희는 인천에서 새엄마와의 생활을 시작했어요. 아빠는 보험설계사로 일하며 광주로 자주 출장을 가야 했기 때문에 새엄마가 주중에는 저와 남동생을 거의 도맡듯이 돌봐주었습니다. 처음에는 새엄마와 사이가 나쁘지 않았습니다.

사실 새엄마는 첫인상부터 좋았습니다. 밝은 분위기를 풍기는 사람이었어요. 예뻤고요. 친엄마는 술에 취한 아빠에게 매일 같이 시달렸기 때문에 항상 어두웠는데, 새엄마는 저희를 보며 활짝 웃기도 했어요. 옷도 밝은 색상을 자주 입었고, 구두도 세련된 디자인으로 신고 다녔지요. 당시 저에게는 그렇게 느껴졌고, 그런 모습이 제 눈에도 예뻐 보였어요. 저는 처음부터 새엄마를 곧잘 따랐습니다. 제가 먼저 다가가 장난을 치기도 했고요. 남동생은 조금 달랐다고 해요. 아무래도 성별이 달라서 그랬는지, 어린 나이였는데도 새엄마 앞에서는 옷을 갈아입지도 않았고 거리를 두는 게 느껴졌다고, 나중에 새엄마가 저에게 알려주었습니다.

그런데 저 역시 새엄마에게 얼마간은 거리를 두게 된 계기가 생겼습니다. 하루는 새엄마가 학교에서 돌아온 저를 데리고 미용실에 갔습니다. 새엄마가 다니던 곳이었나 봐요. 커다란 거울 앞에 놓인 의자에 저를 앉히더니 미용사를 불렀습니다. 그리고 미용사에게 제 머리카락을 잘라 달라고 말했어요. 미용사는 곧 저의 긴 머리카락을 단발로 싹둑 잘라버렸습니다. 친엄마와 살 때는 늘 긴 머리카락을 예쁘게 묶고 땋아서 학교에 갔는데, 아빠도 제 머리를 예쁘게 묶어서 보내려고 노력했는데, 새엄마는 제 머리를 짧게 잘라 단발로 만들어버리더라고요. 관리도 못 하면서 왜 이렇게 길렀냐고 덧붙였습니다. 아빠는 짧아진 제 머리카락을 보고 많이 놀랐고, 한편으로는 마음 아파했습니다.

"우리 딸 머리가 왜 이래. 항상 긴 머리를 예쁘게 하고 다녔는데. 예쁨도 많이 받았는데 왜 이렇게 짧게 잘랐어."

새엄마한테 들으라고 크게 말하는 것 같기도 했어요. 그렇다고 한들 이미 자른 머리카락을 다시 붙일 수도 없었지만요.

미용실에서 머리를 자른 지 얼마 지나지 않아, 새엄마가 저를 못난이라고 부르기 시작했습니다. 남동생에게는 그렇게 하지 않았는데 저만 못난이라고 불렀어요. 처음에는 그렇게 불리는 게 내키지 않았지만, 나중에는 저도 적응이 돼서 못난이라고 부르는 소리에도 대답하게 되었습니다. 새엄마는 그 모습을 보고 웃었습니다. 그게 지금도 좀 마음에 걸려요. 곰곰이 생각해 보면 조금 무섭기도 합니다. 그 어린아이를 못난이라고 부르면서 웃는 사람의 마음 뒤편에는 무엇이 있었을까, 생각하다 보면요.

꼭 그런 이유 때문은 아니었지만, 아빠와 새엄마의 관계도 곧 틀어지기 시작했습니다. 저와 남동생에게는 다시 지옥이 시작되었어요. 처음에는 새엄마도 아빠가 취한 모습이 어떤지 전혀 몰랐을 것입니다. 그러다가 아빠가 취한 모습을 자주 보게 되었고, 마침내는 아빠가 본래 어떤 사람인지를 알게 되었겠죠.

큰집에 다녀온 날이었습니다. 아빠 쪽 가족들이 다들 모이는 날이었고, 저녁 식사 자리에는 맛있는 음식들이 잔뜩 차려져 있었습니다. 그 식사 자리에서 아빠는 이미 술을 많이 마신 참이었어요. 저는 왠지 좀 불안해졌습니다. 아니나 다를까 집에 들어오자마자 아빠는 엄마에게 시비를 걸었습니다. 어린 제가 보기에도 아빠가 새엄마에게 생떼를 쓰는 것 같았어요. 큰집에서 새엄마가 한 말 한 마디를 가지고 왜 그렇게 말했냐고 따져 물었습니다. 생각해 보면 아빠에게는 원래 말꼬리를 잡는 습관이 있었어요. 아마 그날이 새엄마가 아빠의 그 습관을 처음으로 겪은 날이었을 거예요. 아빠가 사소한 일로 시비를 걸었고, 새엄마 역시 쉽게 져주는 성격은 아니었습니다. 새엄마가 아빠의 말을 받아치면서 두 사람의 싸움이 점점 커졌습니다. 그리고 결국 새엄마가 울음을 터트렸습니다. 그때부터 새엄마와 아빠는 매일같이 싸우기 시작했어요. 아빠는 제 친엄마에게 했던 것처럼 새엄마에게도 때리고 욕을 했습니다.

그 뒤로 새엄마에게도 힘든 날들이 이어졌어요. 아빠에게 맞서서 같이 싸우다가, 울다가, 그래도 안 되니까 나중에는 베란다로 나가 뛰어내리겠다고 아빠를 위협했습니다. 아빠가 새엄마를 두고 바람을 피우는 걸 알게 되었을 때는 자살을 시도하기도 했어요. 그러다가 새엄마도 점점 폭력적으로 변했습니다.

각자의 사정이 있었겠지만, 그래도 그 상황에서 가장 힘든 건 저와 남동생이었을 거예요. 부모님이 이혼하고 친엄마와 따로 살게 된 뒤로 아빠와 싸울 상대가 없어져 집안이 잠잠해지는가 싶었는데, 이제는 새엄마가 그 뒤를 이어 아빠와 싸우기 시작해 집은 다시 지옥으로 변했습니다. 아빠와 새엄마가 서로 욕하고 살림을 부수는 날들이 이어졌어요.

한번은 남동생과 함께 그 문제에 대해서 이야기를 나눈 적이 있었습니다.

"새엄마만 없으면 괜찮을 것 같은데."

동생이 말했습니다.

"그치. 우리끼리 살 때는 좋았잖아."

저도 거들었고요. 저와 동생은 아빠가 화낼 대상이 없어지면 집이 조용해질 거라고 짐작했습니다. 아빠는 저와 동생에게는 크게 화를 내거나 심하게 때리거나 하지 않았으니까요. 동생의 생각도 같았습니다. 저희 둘 다 새엄마와 아빠가 그만 같이 살길 바라게 되었습니다. 새엄마가 아빠와 같이 사는 게 저희에게도 도움이 안 된다고 생각했습니다. 그리고 무엇보다도 새엄마가 너무 힘들어 보였어요. 아빠 옆에서 그렇게 고생하는 모습이 어린 나이에도 안쓰러워 보였던 것 같습니다.

그 문제로 여러 날 고민했습니다. 밤에 잠을 자려고 누워서도 그 생각이 떠올랐어요. 그러다가 결국 마음을 먹었지요. 새엄마에게 무슨 얘기라도 해야 할 것 같았어요. 어느 주말, 제가 새엄마와 부엌 식탁에 단둘이 앉아 있는 순간을 포착해 어렵게 입을 열었습니다.

"엄마, 이제 그만 고생하고 엄마 인생을 살아요."

새엄마는 아무 대답도 하지 않았습니다. 부엌 안에는 무거운 침묵이 내려앉았습니다. 그리고 하루가, 이틀이 지났습니다. 새엄마는 집을, 아빠 곁을 떠나지 않았어요. 새엄마가 떠나지 않으니 아빠와의 싸움도 계속되었습니다. 어렵게 건넨 말이었는데 새엄마는 제 말을 들어주지 않았어요. 갈등과 싸움과 폭력이 계속되었고 저도 동생도 그 지옥을 계속 견뎌야 했습니다. 그 후로도 저는 내내 그만하자, 우리 그만 좀 이렇게 살자, 하는 생각을 품고 어린 시절을 보냈습니다.

그리고 그 시절은 그 후의 제 인생에도 많은 영향을 주었습니다.

2장

도망치는 나, 도망치지 못한 나

그때의 나를 안아주고 싶다

중학교 때 저는 〈굿모닝 팝스〉라는 라디오 방송을 정말 좋아했습니다. 해당 프로그램은 비교적 최근까지도 계속 방송되던 장수 프로그램이에요. 1988년부터 2024년까지 무려 35년 동안 진행되었더라고요. 매일 아침 여섯 시에 시작해 일곱 시에 끝나는 영어 전문 라디오 프로그램입니다. 제가 즐겨듣던 때에는 오성식이라는 강사님이 방송을 진행했어요. 그분이 외국도 한번 다녀온 적이 없었는데도 영어 전문 프로그램을 무척 능숙하게 진행해서 더 멋지고 대단하게 여겨졌습니다. 오성식 강사님의 태도에 고무되어 방송을 꼭 챙겨 듣게 되었어요. 특히 이른 시간에 일어나 영어 전문 방송을 듣는다는 게 저에게 성취감을 안겨주기도 했습니다. 강사님의 목소리가 좋기도 했고요.

그 방송을 들으려면 새벽 여섯 시에는 일어나야 했지요. 주로 새엄마가 시간에 맞춰 저를 깨워줬습니다. 그런데 하루는 새엄마가 여섯 시에 맞춰 저를 깨우러 와서 일어나라고 몸을 흔드니까 제가 잠에서 깨 벌떡 일어나 버린 거예요. 보통은 누군가 깨우러 오면 상체만 일어나는 정도로 반응하기 마련인데, 저는 아예 자리에서 벌떡 일어나 버렸습니다. 그런 저를 보면서 새엄마는 그렇게 공부하다가 쓰러진다고 걱정을 하기도 했어요.

그만큼 저는 공부에 대한 의지가 강했습니다. 공부를 잘하고 싶었어요. 어쩌면 그때의 저에게는 공부만이 살길처럼 보였는지도 모릅니다. 아빠가 술 마시고 들어와서 새엄마와 싸우고 집 안이 난리가 나는 그런 상황 속에서 제 자신을 붙들 수 있는 단 하나의 방법이었던 것 같아요.

제가 다니던 중학교 앞에는 서점이 하나 있었어요. 학교 수업이 끝나면 종종 그 서점에 들러 문제집을 샀습니다. 출판사 이름을 대면서 여기서 나온 문제집 아직 안 들어왔냐고 물어보면 사장님이 난처해하며 아직 없다고 대답하는 일도 많았습니다. 찾는 문제집들이 다 있는 날에는 문제집을 잔뜩 사서 품에 끌어안고 왔지요. 그때 제가 쓰던 책상은 그렇게 넓거나 좋은 책상이 아니었습니다. 많은 책을 한꺼번에 올려둘 수가 없었어요. 그래서 책상 밑에, 의자 옆에 문제집을 쌓아두고 풀었습니다.

그 시절, 저는 이런 마음가짐으로 책상 앞에 앉았습니다.

'교과서를 씹어 먹겠다!'

교과서를 통째로 외워버리겠다는 생각으로 공부했고 정말 열심히 했어요. 저는 머리가 그렇게 좋은 편은 아닙니다. 성적이 좋았던 것은 전부 제 노력에서 나온 결과예요. 당시 제가 할 수 있는 것이 노력뿐이기도 했습니다.

저는 특히 수학을 좋아했습니다. 수학 문제를 풀 때만큼은 학교에서 선생님이 알려준 방식대로 풀지 않았던 기억이 납니다. 제 나름대로 공식을 복합적으로 연결해가면서 문제를 풀었는데, 그런 방법으로 공부했을 때 굉장히 재미있었던 기억도 납니다. 그렇게 공부에 몰두하다 보면 집에서 벌어지는 일들을 잊을 수 있었습니다. 그리고 바로 그 이유 때문에 더 악착같이 공부했던 것 같아요.

중학교 중간고사 때는 이런 적도 있었습니다. 선생님이 변별력을 높이기 위해 일부러 난이도 높은 문제를 만들었는데, 그 풀기 어렵게 낸 문제를 제가 쉽게 맞혀버린 거예요. 역사와 관련된 사회 과목이었습니다. 그런 과목 교과서에는 지도나 사진이 많이 실려 있잖아요. 그리고 그 아래에는 해당 이미지에 대한 설명이 짧게 적혀 있기 마련이고요. 선생님은 거기 적힌 내용까지 살펴볼 사람이 없을 거라고 생각했나 봐요. 교과서 사진 아래 설명에서 문제를 낸 겁니다. 사실 틀리라고 낸 문제이지요. 그런데 전교에서 저만 그 문제의 정답을 맞혔습니다. 선생님은 저에게 신동이라고 말했지만, 저는 신동이 아니에요. 저는 단지 교과서를 꼼꼼하게, 정말 열심히 봤을 뿐입니다. 교과서를 씹어 먹겠다는 자세로요!

그렇게 최선을 다해 공부해서 늘 좋은 성적을 유지했지만 그렇다고 친구들에게 질투를 사거나 미움을 받지도 않았습니다. 당시 제가 다니던 중학교에는 전교 1, 2, 3등이 모두 제가 속한 반에 모여 있었어요. 그런데 제가 매번 전교 1등을 하니까 2등, 3등을 하는 친구들이 전교에서는 최상위권인데도 반에서는 늘 1등을 못 했어요. 그런데도 친구들은 딱히 저를 시샘하지 않았습니다.

그 이유가 있었지요. 저는 학교에서 친구들이 뭘 물어보면 늘 웃으며 알려줬습니다. 다른 공부를 하고 있었더라도 친구가 이것 좀 알려달라고 가져오면 하던 공부를 내려놓고 친구가 가져온 문제를 함께 고민했습니다. 보통은 다른 일을 하고 있을 때 뭘 요구받게 되면 싫을 수도 있잖아요. 그런데 저는 늘 밝은 표정으로 친구들이 가져온 문제를 함께 풀었어요. 그 배경에는 이런 마음이 있었습니다.

'친구가 가져온 문제를 지금 같이 보고, 내 공부는 이따 집에 가서 하면 되니까.'

그렇게 생각하면 집에 가서 그렇게 고성이 오가고 살림이 우당탕 깨지는 상황이 생겨도 내가 할 공부가 있겠구나, 하는 생각이 뒤따랐고 그러면 그날 밤을 버틸 힘이 생겼습니다.

그래도 그때로 돌아간다면 그렇게 열심히 공부하지는 못할 것 같아요. 어린 나이에 그 정도로 열심히 했다는 게 지금 생각하면 너무 안쓰럽습니다. 그때로 돌아갈 수 있다면, 어렸던 저를 안아주고 싶어요. 정말 수고했다고, 고생 많았다고, 잘 이겨냈다고 위로해 주고 싶습니다.

한편 아빠는 저의 성적에 굉장히 관심이 많았어요. 성적이 떨어지면 실망했고 저를 야단치기도 했습니다. 어느 시험에서는 제가 늘 1등만 하다가 2등을 하게 됐는데, 그걸 가지고 크게 혼이 나서 밥을 먹다가 울음을 터뜨리기도 했습니다. 고등학교를 외국어 고등학교로 가게 된 것도 아빠 때문이었어요. 저는 원래 일반 고등학교에 가고 싶었는데 아빠의 성화에 못 이겨 외국어 고등학교로 결정했지요. 나중엔 그 결정을 많이 후회했지만요.

청소년기에는 쉽게 예민해지고 고민도 많아지기 마련이에요. 그 시기를 저는 공부를 돌파구 삼아서 지나왔습니다. 공부는 생각이나 감정을 겉으로 쉽게 드러내지 못하는 제가 유일하게 밖으로 저 자신을 드러낼 수 있는 수단이기도 했어요. 공부는 제 의지대로 할 수 있는 영역처럼 느껴지기도 했고요. 그래서 더 힘을 낼 수 있었던 것 같아요. 내가 내 의지대로 무언가를 하면 원하는 것을 얻을 수 있다는 점에서요. 지금 청소년기를 겪고 계신 분들도 붙잡고 나아갈 돌파구가 하나쯤 있으면 좋겠어요. 그게 친구가 될 수도 있겠고, 저처럼 공부가 될 수도 있겠습니다. 누군가에게는 음악이나 운동 같은 취미생활이 될 수도 있을 것이고요. 무엇이 되었든 꼭 하나쯤 돌파구를 만들어 힘든 시기를 잘 지나가길 바랍니다.

꿈은 없었지만

어려운 가정환경 속에서도 열심히 공부한 결과였을까요. 저는 중학교 시절 영재반에 들어가게 되었습니다. 아마 영재반 시스템은 전국에서 운영되었을 텐데, 그중 제가 다닌 곳은 광주에 있었어요. 그곳에서는 과학원 같은 장소에 아이들을 모아놓고 고등학교 과정 선행 학습을 시켰습니다. 수학을 잘하는 학생에게는 수학 경시대회에 나갈 수 있도록 준비를 시켰고요. 그러니까 일종의 학원이나 마찬가지였는데, 장학생처럼 돈을 따로 내지 않았습니다. 부모님에게 부담을 주지 않고 공부할 수 있어 다행이라고 생각했었던 기억이 납니다. 중학교 정규 수업이 끝나면 봉고차가 학교 앞으로 와서 각 학교에서 해당하는 학생을 태우고 광주로 갔습니다. 학교마다 서너 명씩 영재반에 등록했어요. 제가 다닌 중학교에서도 전교 1~4등이 영재반에 뽑혔지요.

그렇게 학교 수업이 끝나면 다시 영재반에 가서 저녁 일곱 시나 여덟 시까지 공부했습니다. 영재반 수업이 끝나 집에 오면 밥을 먹고 또 학원에 갔습니다. 학원에서 다시 새벽 한 시나 두 시까지 공부를 하고서야 집에 돌아왔습니다. 너무 늦은 시간이라 학원 선생님들이 집까지 데려다줬던 게 기억나네요. 쉴 틈이 없었지요. 그런 생활을 매일 매일 톱니바퀴 굴리듯 반복했습니다. 그렇게 공부하다가 학교 대표로 수학 경시대회에 출전하기도 했어요.

사실 중학교에 다니는 동안 내내 공부를 잘했기 때문에 영재반에 들어가도록 뽑혔을 땐 어느 정도 당연하게 생각했던 것 같아요. 저는 늘 1등이었으니까요. 내가 안 뽑히면 이상한 거지, 하는 생각도 들었습니다. 기분 좋은 경험이었던 것은 확실했어요.

그런데 막상 영재반에 갔을 때는 진도가 너무 빨라 따라가기 벅찬 면도 있었습니다. 고등학교 과정까지 선행 학습을 하기에는 힘들었던 것이지요. 저는 신동도 아니고 머리가 좋은 편도 아니라서 학교 공부하랴, 선행 학습하랴, 두 가지로 머리가 아팠습니다. 그래도 영재반 수업은 영어와 수학 위주로 진행됐는데, 제가 수학을 특별히 좋아해서 그런 점에서는 많은 도움이 되었어요.

제가 영재반에 들어간다는 소식을 전했을 때는 아빠가 특히 좋아했습니다. 아빠는 제가 공부를 잘해서 좋은 성적을 유지하기를 늘 바랐으니까요. 새엄마는 평소에 제가 하는 일이나 행동에 부정적인 반응을 보이는 경우가 있었는데요, 그런데도 제가 열심히 공부해 성적이 잘 나올 때는 좋아했습니다. 물론 그 공을 본인에게 돌렸지요.

"내가 널 잘 키워서 이렇게 공부 잘하는 거야."

새엄마는 이런 말을 아무렇지 않게 하며 제 성적표를 받아드는 사람이었습니다. 제가 〈굿모닝 팝스〉를 듣기 위해 새벽 여섯 시에 일어날 때도, 특히 새엄마가 깨우러 왔을 때 자다가 벌떡 일어나 아예 자리를 박차고 일어서 버렸을 때도, 새엄마는 그런 태도로 저를 대했습니다. 너무 무리하는 게 아니냐고 걱정하는 듯이 말했지만, 사실은 다른 뜻이 있었을 거예요. 자신이 돌보는 아이에게 혹시 문제가 생기면 곤란했을 거예요. 자신에게 흠집을 만들지 않으려고 하는 태도가 새엄마에게서는 늘 느껴졌어요.

하지만 그런 새엄마의 일면을 알기 때문에 저는 더 열심히 공부하려고 노력했습니다. 사실 어릴 때 저는 새엄마를 정말 사랑했거든요. 부모님이 이혼한 상태였으니, 새엄마가 아니었으면 저와 남동생은 엄마 없이 자랐을 거라고 여겼어요. 힘든 상황에서 저와 남동생을 거둬 키워준 사람이라고 생각했습니다. 그 키워준 은혜에 보답하기 위해 더 열심히 공부한 것도 사실입니다. 시간이 지나면서 이런 생각도 바뀌게 되었지만요.

그렇다고 오직 새엄마를 위해서 공부에 최선을 다한 것은 아닙니다. 공부를 잘하고 싶고, 좋은 성적을 통해 저를 드러내고 싶은 의지가 강했습니다. 하지만 꿈은 없었어요. 정말이요. 지금 다시 생각해 봐도 당시의 저에게는 꿈이랄 게 없었습니다. 저는 어릴 때부터 우울감을 느꼈습니다. 중학교 시절에는 하루하루 노력하며 살았지만, 때때로 무기력해지고 우울감에 휩싸였던 것도 사실이에요. 그런데 꿈이라니요. 그때의 저에게 꿈 같은 건, 그 단어조차 사치였는지도 모르겠습니다.

저는 다만 하루하루를 버티며 살았어요. 할 수 있는 한 열심히요. 내일 있을 시험, 모레까지 내야 하는 숙제, 다음 학기의 성적 같은 게 목표였습니다. 매일 그날의 할 일을 성실하게 하며 지내는 것. 어쩌면 그게 제 꿈이었다고 말할 수도 있겠네요.

어떻게 그렇게 할 수 있었는지 돌이켜 보면, 저도 이 말밖에는 할 수 없을 것 같아요. 그냥 받아들였다고요. 조금은 우울한 마음으로, 얼마간은 체념한 상태로 나는 그냥 이렇게 살아야 하나보다 하고 여겼던 것 같습니다. 그런데 한편으로는 이런 생각이 들어요. 그게 그렇게 나쁜가? 전에 김연아 선수의 인터뷰를 본 적이 있어요. 김연아 선수가 한창 선수 생활을 할 때의 인터뷰였습니다. 김연아 선수가 운동 전에 스트레칭을 하는데 기자가 이런 질문을 하더라고요.

"무슨 생각하면서 운동해요?"

그랬더니 김연아 선수는 눈 하나 깜짝하지 않고 대답했습니다.

"무슨 생각을 해요."

김연아 선수의 말은 진심인 것처럼 느껴졌고, 저도 그 말에 깊이 공감했습니다. 아무 생각 안 한다고, 그냥 하는 거라고요. 중학교에 다닐 당시 저도 딱 그런 마음이었어요. 아무 생각 안 하고 그냥 눈앞에 있는 공부만 했지요. 오늘 주어진 거 오늘 열심히 하고, 내일 풀어야 하는 문제 내일 열심히 풀고, 그렇게 그냥 하루하루를 견뎌냈습니다.

　　영재반에서 보낸 시간이 제 인생을 크게 바꿔 놓았거나 저에게 아주 큰 영향을 준 건 아니었어요. 하지만 영재반에서 공부하며 저 자신을 조금 더 인정하게 된 것 같아요. PT 받으러 헬스장에 가서 PT 선생님들을 보면 자기 관리를 참 잘한다, 열심히 한다, 하는 생각이 들잖아요. 저에게는 중학교 때의 이 경험들이 내가 자기 관리를 그만큼 잘했다는 증거 같습니다. 힘든 환경에서도 매 순간 최선을 다했다, 내가 이 정도로 열심히 살았다, 하고 저 자신을 평가할 수 있게 된 것이지요.

모두의 짝꿍

 중학교 때까지만 해도 저는 선생님의 말이라면 뭐든 다 귀담아듣는 아이였습니다. 수업 시간 중에 선생님들이 교과서에 나온 내용 말고도 이런저런 이야기를 학생들에게 많이들 하잖아요. 제가 만난 선생님 중에서는 본인의 가치관에 대해 이야기한 사람도 있었고, 일상 속 깨달음에 대해 이야기한 사람도 있었는데 저는 그때마다 노트에 적어가며 귀 기울여 들었습니다. 그게 저에게는 최고의 공부였으니까요. 선생님이 지나가는 말로 하는 농담 하나까지도 머릿속에 집어넣으려고 했지요.

 "매일 아침 잠에서 깬 직후 오 분간 미소를 지어봐. 그러면 너희 인생이 달라질 거다."

이렇게 말한 사람은 중학교 국어 선생님이었습니다. 선생님은 눈썹이 유난히 얇고 휘어 있어서 가만히 있어도 웃는 듯한 인상이었습니다. 수업 중 학생들에게 그 말을 하면서 선생님은 이런 얘기를 덧붙였습니다. 최근에 선생님들끼리 전체 회의를 한 적이 있었다고요. 꽤 심각한 문제를 가지고 교장 선생님과 교감 선생님까지 함께 모여서 의논하는 자리였다고 했어요. 그런데 그 무겁고 심각한 분위기 속에서 교장 선생님이 국어 선생님을 지목해 말하더래요.

"자네 왜 웃나?"

선생님은 회의 중이니만큼 웃지 않았고 심지어 진지한 태도로 회의에 참여하고 있었는데, 교장 선생님께는 선생님의 모습이 웃는 걸로 보였나 봐요. 선생님은 그때 자신이 하고 있었을 표정을 재연해 보이기도 했습니다. 장난스러운 말투로 '매일 아침 오 분씩 미소'를 한 번 더 강조하면서요.

아마 선생님은 장난으로, 혹은 가라앉은 수업 분위기를 띄우기 위해서, 아니면 조는 학생들의 주의를 끌기 위해서 그 얘기를 했겠지요. 그런데 저는 선생님의 말을 한 글자도 놓치지 않고 노트에 적었고 바로 다음 날부터 아침에 일어나 오 분간 미소 짓는 연습을 했습니다. 하다 보니까 되더라고요. 그리고 정말이지 선생님의 말처럼 그게 제 인생에 영향을 미치는 것 같았습니다. 그전까지는 소극적인 태도를 보일 때도 있었고, 숫기 없는 모습으로 수업에 참여하기도 했는데 미소 연습을 시작한 이후로는 더 잘 웃게 되었으니까요.

사실 그 국어 선생님은 평소에 잘 웃는 편은 아니었어요. 제가 중학교에 다닐 때는 한창 체벌이 심하던 시기였는데, 선생님은 종종 아이들을 때리기도 했습니다. 수업 시간에 만화책을 보다가 걸린 학생의 머리를 쥐어박기도 했고요. 그런데 이상하게도 아침에 일어나면 선생님의 말이 떠오르는 거예요. 잠에서 깬 직후에 오 분간 미소를 지으라고, 그러면 인생이 달라진다고. 그렇게 해서라도 인생을 바꾸고 싶은 마음이 컸던 걸까요.

어쨌거나 저는 그 말 덕분에 자주 웃게 되었고, 친구들과도 더욱 잘 지내게 되었습니다. 중학교 때는 성적도 줄곧 일 등을 도맡아서 했는데, 그러면서도 친구들이 도움을 요청할 때는 늘 웃는 얼굴로 도와줬어요. 누가 문제집을 가져와서 어떻게 풀어야 하냐고 물어보면 그때도 싫다는 말은 한 번도 하지 않고 같이 풀어봤던 것 같네요. 미소 연습을 시작한 뒤로는 친구들이 부르면 무조건 웃으면서 대답해야겠다, 하는 다짐을 하게 되었거든요. 친구들이 하윤아, 하고 제 이름만 불러도 웃는 얼굴로 친구를 보았지요. 다들 무서워하는 소위 노는 아이들도 저를 싫어하지 않았어요. 그렇다 보니 인기 투표를 해도 늘 일 등이었고, 누구와 짝을 하고 싶냐고 선생님이 물어볼 때도 저를 지목하는 친구들이 제일 많았습니다.

제가 다닌 중학교에는 특별한 아침 자습 프로그램이 있었어요. 아침 자습 시간에 공부 잘하는 아이들이 문제를 준비해서 칠판에 적고, 다 함께 그 문제를 풀어내는 시간이었지요. 저는 수학을 좋아하니까 수학 과목을 맡았습니다. 제가 준비한 수학 문제를 칠판에 적고 있자면, 뒤에서 친구들이 칠판에 문제를 적는 저의 모습을 보며 귀여워하는 소리가 들리기도 했어요. 아침 자습 시간은 대체로 쳐지고 지루하기 마련인데 제가 진행하는 시간은 항상 유쾌하게 흘러갔습니다. 친구들은 제 풀이 방식이 쉽고, 제가 잘 가르쳐줘서 좋다고 말하더라고요. 평소에 잘 웃지도 않던 국어 선생님이 어떤 의도로 미소 연습 이야기를 해줬는지는 모르겠지만, 선생님의 그 말이 제 인생에 많은 영향을 준 건 확실합니다. 덕분에 중학교에 다니는 동안 내내 친구들과 잘 지냈으니까요. 모두가 저와 짝이 되고 싶어했고요.

　기억에 남는 짝꿍이 한 명 있어요. 제가 기관지 쪽이 좀 예민한 편이에요. 어릴 때부터 감기에 걸리면 호되게 앓았고요. 감기에 한 번 걸렸다 하면 책상 한쪽에 코 푼 휴지가 수북하게 쌓일 정도로 심했어요. 그래서 학교에 다닐 때는 감기에 걸리지 않도록 특별히 신경을 썼습니다. 공부를 해야 하는데, 감기에만 걸리면 몇 날 며칠을 고생하니까요.

　그런데 하루는 제 짝꿍이 저에게 대고 기침을 하더라고요. 그래서 제가 순간 당황해서 고개를 획 돌렸거든요. 그래서 그 친구가 기분이 상했는지 토라지더라고요. 그때는 저도 제 얼굴에 대고 기침한 친구에게 화가 났던 터라 바로 사과하지는 않았습니다. 물론 어릴 때 친구들과 흔히 그렇듯, 금세 또 아무 일 없었다는 듯 짝꿍과 다시 이야기를 주고받았지만요.

시간이 한참 지나서 성인이 된 뒤, 싸이월드가 유행하던 시기였어요. 그때 그 짝꿍이 어떻게 찾았는지 제 미니홈피에 와서 인사를 남겼습니다. 보고 싶다고, 언제 한번 보자고요. 굉장히 반가웠던 기억이 나네요. 중학교에 다닐 때 반 친구들이 모두 저를 좋아해 주고, 저와 짝꿍이 되고 싶어했던 게 당시의 저에게 큰 힘이 되었습니다. 덕분에 어려운 환경에서 힘들게 공부하면서도 조금 더 기운을 낼 수 있었어요. 아마 이것도 미소 연습 덕분이었겠지요.

외고 기숙사에서

고등학교는 외고로 진학하게 되었습니다. 아빠의 바람대로 전남외국어고등학교에 합격했어요. 광주에 있는 학교였습니다. 집에서 거리가 멀어서, 가족들과 떨어져 저 혼자 기숙사 생활을 해야 했지요. 허허벌판에 학교 건물만 덜렁 있는 곳이었습니다. 누군가 공부에 질려 학교 밖으로 도망을 친다고 해도 숨을 곳이 없어 보였습니다.

그런데 저에게는 그곳이 천국인 거예요. 아빠와 새엄마에게서, 가족들의 다툼에서 벗어날 수 있는 모처럼의 기회였어요. 그동안 집안 분위기에 억눌리고 공부하기 바빠서 참아왔던 제 욕구들이 외고에 다니면서 터져 나오기 시작했습니다. 그동안 하고 싶었던 일들을 내키는 대로 할 수 있었어요. 그러다 보니 공부를 점점 안 하게 됐고, 댄스반에도 들어갔습니다. 음악에 몸을 맡기고 춤을 춘다는 게 정말 매력적인 일이라는 걸 그때 제대로 깨달았어요. 연애도 이 시기에 처음 해봤습니다.

물론 그 전에 기숙사 생활에 적응해야 했지요. 기숙사에서는 네 명이 커다란 방을 나눠서 썼습니다. 흔히 생각하는 것처럼 기숙사 생활이라는 게 옆방에서 놀러 오고, 파티를 열고 그런 분위기가 아니더라고요. 책상도 방 안에 다 따로 있었고, 다들 대부분의 시간을 책상 앞에서만 보냈습니다. 가끔 서로 감정이 상해 다투기도 했지요. 누군가는 다음날의 일정을 위해 빨리 자야 하고, 누군가는 공부를 더 하고 싶고, 이런 차이 때문에 트러블이 많았던 기억이 나네요.

당시 저는 책상도 책상이지만 침대를 특히 중요하게 생각했어요. 잠을 잘 자야 다음날 공부도 잘할 수 있으니까요. 무엇보다도 평소 주변을 깔끔하게 정리하길 좋아하는 성격 탓에 저는 침대의 이 층 자리를 선호했습니다. 일 층은 이 층에서 나오는 먼지가 그대로 내려오는 것 같아서 되도록 피하고 싶었어요. 근데 이 층에는 습기가 많아서 주말마다 이불을 가져다 널곤 했던 것도 기억에 남아 있어요.

기숙사에서는 여섯 시에 일어나 아침 체조를 하는 것으로 하루를 시작했습니다. 그러곤 서둘러 준비를 마친 뒤 학교에 가서 종일 공부하고, 학교 공부를 마친 후에는 잠깐 쉬었다가 자습실에 가서 또 공부를 하는 게 일상이었습니다. 점심시간에 급식을 받으려 줄을 서서도 다들 손에 책을 하나씩 들고 있었습니다. 책에서 눈을 떼지 않고 계속 보고 외우면서 배식을 기다리더라고요. 그런 모습이 하나도 어색하지 않은 환경이었어요.

반면에 저는 일 학년 때까진 놀기 바빴던 것 같아요. 특히 일 학년에 들어가자마자 삼 학년 졸업반인 선배를 좋아하게 됐어요. 그 선배가 크리스천이라서 저도 선배를 따라 기독교 동아리에 가입하기도 했습니다. 사실 선배를 좋아하게 된 이유도, 그 선배가 저를 위해 기도를 해주었기 때문이었어요. 선배의 기도를 듣고 그의 진심에 마음이 뭉클해져 눈물이 나오기도 했거든요. 그동안 공부하느라 억눌러 온 연애 감정이 선배를 향해 물밀듯 흘러나왔습니다. 편지를 써서 전해준 적도 있어요.

하지만 그것도 잠깐이었어요. 이 학년에 접어들자 우울감을 느끼기 시작했습니다. 그 계기도 실패한 연애 때문이었는데, 지금도 이름을 기억하고 있는 민수라는 친구가 저를 거절했거든요. 사춘기였고, 예민한 시기였는데 좋아하는 사람에게 거절당해 많이 속상했습니다. 게다가 저에게는 민수의 거절이 좋아하는 사람에게 거부당했다는 사실로만 끝나지 않았습니다. 어린 시절부터 계속 경험해 왔던 그 감정, 제 존재에 대한 부정인 것처럼 느껴졌어요. 민수가 저를 거절했을 때, 저는 아빠와 이혼하고 집을 떠난 엄마로부터의 거절, 그리고 새엄마가 저를 시기하고 미워하며 보여준 거절의 행동이 또 다시 반복되는 것만 같았습니다. 그래서 그의 거절이 더 크게 저를 흔들었던 것 같아요.

한번 우울감을 느끼기 시작하자, 중학교 때까지는 공부하느라 느끼지 못했던 슬프고 우울한 감정이 한꺼번에 몰려왔습니다. 중학교 때에는 울더라도 숨죽여 울어야 했고, 공부에 방해가 되니까 얼른 그치고 다시 공부에 집중해야 했지요. 그런데 고등학교에 와서는 그동안 막아놨던 어린 시절의 기억과 아픔들이 곪고 곪은 채 터져 나오더라고요. 너무 아팠습니다. 이 학년 때부터는 정말 고통 속에서 하루하루를 보냈어요. 매일 울었지요. 눈물이 나올 것 같으면 체육관 뒤편에 숨어 소리 내어 울었습니다. 체육관은 정규 수업 시간이 아니면 찾는 사람이 거의 없었거든요. 체육관 뒤편 사람 없는 자리를 찾아 울고 있었는데, 한번은 길 건너에 있던 아저씨들이 뭐가 슬퍼서 그렇게 우냐고 저에게 물어보기도 했어요.

게다가 하필 그 무렵에 친엄마에게서도 연락이 온 거예요. 아빠와 이혼한 뒤로 따로 안부도 잘 나누지 않은 채 지냈는데, 제가 외고에 들어가 기숙사 생활을 한다는 걸 알고는 저를 찾았습니다. 학교로 전화가 와서 받으러 갔더니 수화기 너머에서 엄마가 저를 부르더라고요. 하윤아 엄마야. 오랜만에 들은 엄마의 목소리가 정말 반가웠어요. 그리고 그때부터 엄마와 주말마다 만나 여기저기 다녔습니다. 아빠와 새엄마 몰래, 남동생에게도 이 사실을 비밀로 하고 저 혼자 엄마를 만났어요.

엄마를 만나는 동안에도 내내 우울하고 슬픈 감정이 올라왔지만 그런 사실을 엄마에게 털어놓지는 못했습니다. 주말에 엄마를 만나서는 즐겁게 이야기를 나누곤 했어요. 엄마는 그런 문제까지 내보일 수 있는 사람이 아니라는 걸 그 시절에도 저는 알았던 것 같아요.

친엄마에게도, 아빠와 새엄마에게도, 저의 우울감과 고민을 말하지 못한 채 저는 남은 고등학교 시절을 보내야 했습니다. 우울감이 심해서 공부를 제대로 할 수 없었고 성적은 계속 떨어졌어요. 외고에 들어갈 당시에는 외교관이 되는 게 목표였는데 그 꿈과는 점점 멀어졌습니다. 심한 우울감 때문에 친구들과의 관계에도 금이 가기 시작했습니다. 저는 친구들과 굉장히 잘 지내는 편이었고, 친구들도 대체로 저를 좋아했는데 우울감이 심해지니 친구들도 싫어지더라고요.

한번 터져 나온 우울한 감정은 걷잡을 수 없이 커지기만 했습니다. 어린 시절의 일들이 밀려와 저를 아프게 했고, 공부나 학교생활을 제대로 이어갈 수 없도록 제 발목을 붙잡았습니다. 그 과정에서 누구에게도 기대지 못한 채 저는 울면서 삼 년을 보냈습니다. 외고 기숙사에서요.

아이들에게 시간을 줘야

외고 기숙사에서의 생활은 한편으로는 엄격한 면도 있었습니다. 일단 사감 선생님이 계셨지요. 사감 선생님, 하면 떠오르는 무섭고 날카로운 이미지는 아마 다들 머릿속에 하나쯤 가지고 계실 거예요. 제가 다닌 외국어고등학교의 사감 선생님도 무섭고 날카로운 분이었습니다. 굵은 뿔테 안경을 끼고, 턱선까지 내려오는 짧은 단발머리를 한 분이었는데 그래서 더 무서운 이미지로 기억되는지도 모르겠어요. 더군다나 사감 선생님은 늘 손에 회초리를 들고 다녔습니다. 아무래도 삼 학년 선배들은 공부할 게 많기도 하고, 중요한 시기이니 학교에서도 더 신경 써서 관리해야 했겠지요. 그래서 사감 선생님은 일 학년이나 이 학년 학생들이 복도에서 시끄럽게 하거나 뛰어다니면 삼 학년 선배들 공부해야 하니 조용히 하라며 야단을 쳤습니다. 또, 제가 다닌 학교에서는 선배들에게도 꼬박꼬박 인사도 해야 했어요.

사감 선생님이 그런 분위기를 조장해서 더 그랬는지 모르겠지만, 기숙사 내에서도 경직된 분위기가 유지됐어요. 같은 학년이고 같은 방을 쓰는 학생들끼리도요. 기숙사와 연결된 통로에는 작은 테이블이 하나 있었습니다. 공부를 할 수 있는 크기였어요. 학교에 있는 자습실이 밤 열 시에 끝나면 보통은 기숙사로 돌아와 씻고 자기 바쁜데, 몇몇 학생들은 자습실에서 돌아온 뒤 그 테이블에 앉아서 다시 공부를 하더라고요.

다른 학생들의 면학 분위기에 휩쓸려 저도 자습실이 끝나고 기숙사 방에 들어가기 전에 그 테이블에 앉아 공부를 한 적이 있습니다. 책상 하나를 여러 사람이 나눠 써야 해서 아무래도 불편한 점이 있었어요. 누군가 책을 탁 소리 나게 내려놓기도 했고, 또 다른 학생은 책장을 휙휙 소리 나게 넘기기도 했어요. 저도 그게 좀 거슬리기는 했지만 참았는데, 어떤 때는 누군가 예민하게 반응해 싸움이 붙기도 했어요. 다들 치열한 경쟁 속에서 한껏 예민해진 상태였던 거죠.

당시 저는 독일어과에서 공부하고 있었습니다. 제가 속한 반에는 독일에서 살다 온 학생이 있었어요. 그 학생이 독일에서의 일상에 대해 말하며 문화 차이에 대해서도 알려줬는데, 그런 부분이 낯설었습니다. 이를테면, 샤워할 때 한국에서는 샤워볼이나 샤워타올을 이용하잖아요. 그런데 독일에서는 비누칠을 그냥 손으로 한다고 알려 줘서 그런 부분이 새롭게 느껴졌던 것 같아요. 외국 생활을 해본 학생도 오고, 워낙 다양한 학생들이 모이는 곳이라 경직되고 엄격한 분위기 속에서도 여러 간접 경험을 할 수 있었습니다.

하지만 학창시절에 대한 추억이라고 하면 콕 집어 뭘 이야기할 수 있을지는 잘 모르겠습니다. 떠오르는 게 많지도 않고요. 하나 있다면, 비빔면에 대한 추억이에요. 고등학교 때는 한창 성장기이고, 그만큼 식욕도 왕성해지기 마련이지요. 저도 그랬습니다. 점심시간이 한 시간 주어지고 쉬는 시간은 십 분씩 주어졌는데, 하루는 쉬는 시간 종이 울리자마자 옆에 있는 친구를 재촉해서 매점으로 달려갔습니다. 거기서 팔도비빔면을 하나씩 샀어요. 뚜껑을 뜯어서 뜨거운 물을 넣고 잠깐 기다렸다가, 익지도 않은 면발에 액상 스프를 넣어서 비볐습니다. 꼬들꼬들한 면발을 빠르게 입으로 가져가 흡입하듯 급하게 먹었어요. 그래도 새콤달콤한 게 참 맛있었던 기억이 나네요. 입가에 빨간 소스를 그대로 묻히고선 다시 책상 앞에 앉아서 수업을 들었어요. 무척 만족스러운 기분으로요. 외고에 다니던 시절, 교실 안에서의 추억이라고 하면 이게 유일한 것 같습니다.

솔직히 저는 처음부터 외고에 가고 싶지 않았어요. 지금도 그 시절을 돌아보면, 만약 내가 일반 고등학교에 갔다면 다양한 친구들 속에서 이런저런 즐거운 일들을 많이 경험했을 텐데, 하는 생각이 듭니다. 하지만 아빠의 강요로 외고에 진학하게 되었고, 결과적으로 저는 불행한 학창시절을 보내게 되었습니다.

심한 우울감을 느끼기 시작한 뒤부터는 공부를 할 수 없게 됐고, 성적이 떨어지자 아빠는 화를 많이 냈습니다. 제가 다닌 고등학교에서는 성적이 나오면 전체 등수를 칠판에 붙였어요. 당시 한 반은 삼십 명으로 이뤄져 있었고요. 제 성적은 매번 끝에서 맴돌았고, 가끔은 삼십 등을 하기도 했습니다. 그걸 알고 아빠는 불같이 화를 냈어요.

그즈음 마침 제가 〈굿모닝 팝스〉라는 라디오 방송에서 TC라는 직업에 대해 알게 되었어요. 이 직업은 일종의 여행 가이드인데, 일반적으로 생각하는 것처럼 관광지를 안내해주는 대신 티켓과 항공권 예약부터 책임지고 진행해주는 역할이었습니다. 한국에서 출발할 때부터 외국에 도착해서 호텔로 안내하고 여행지로 인솔하는 그런 모든 과정을 계획하고 책임지는 사람이었지요. 재미있을 것 같았습니다. 그래서 그 일을 하고 싶다고 아빠에게 말했더니, 이번에도 불같이 화를 냈습니다.

"내가 그런 일 하라고 너 외고 보낸 줄 아냐?"

아빠는 제가 육군사관학교에 가면 좋겠다고 했어요. 저에게 계속 육군사관학교 관련 기사와 정보를 보여주면서 여기는 어떠냐고 자꾸 물어봤지요. 그런데 제가 그 길은 가기 싫은 걸 어쩌겠어요. 그래도 아빠는 저에게 계속 육군사관학교를 생각해 보라고 말했고, 제 성적이 점점 떨어지니까 결국 짜증을 냈습니다. 새엄마도 제 성적이 떨어진 일을 두고 아빠 곁에서 덩달아 한마디씩 했어요. 새엄마는 자신이 저를 잘 키워서 외고에 보냈다고 생각하고 있었는데 잘 안 되니 내세울 게 없어졌던 거예요. 친엄마는 애초에 제 성적에 대해서는 관심도 없었고요.

어쨌거나 제 성적은 갈수록 떨어지기만 했고, 저는 학교생활에 즐거움을 느끼지 못했습니다. 저는 지금도 외고에 간 게 가장 후회돼요. 재미있는 학창 시절을 보내지 못했고, 좋은 추억을 나누며 끝까지 함께할 고등학교 친구도 만들지 못했으니까요. 저는 딱히 과거를 되돌리고 싶다는 생각을 자주 하는 편은 아니지만, 딱 하나만 꼽자면 일반 고등학교로 진학하기로 다시 선택하고 싶다는 거예요.

이런 일들을 겪어서인지 저는 제 아이에게 자주 이야기합니다.

"네가 앞으로 살아갈 인생은 네가 만들어 가는 것이지, 엄마가 만들어 줄 수 있는 건 별로 없어. 네가 원하는 거 할 때 뒷받침해 주는 거. 그 정도가 다야. 나머지는 다 네 인생이야."

그러니까 지금부터라도 매 순간 네가 하고 싶은 걸 찾으라고도 덧붙였습니다. 그 한순간 한순간이 다 미래가 되는 거잖아요. 하지만 요즘 한국 아이들에게는 그런 시간이 너무 없는 것 같아요. 그게 참 안타깝습니다. 아이에게 장래에 대해 고민할 시간을 충분히 줄 수 있다면 좋겠어요. 자기가 뭘 하고 싶은지, 본인이 원하는 걸 직접 찾을 수 있도록 시간을 줘야 하지 않을까요. 한국 사회는 아이들에게 너무 공부만 강요하는 것 같아요. 공부가 필요한 아이들, 그게 적성에 맞는 아이들은 공부를 할 것이고, 그렇지 않은 아이들은 다른 진로를 찾아야 할 텐데요. 아이가 자기 인생을 충분히 고민할 수 있도록 시간을 주는 것도 부모의 역할이라고 생각합니다.

이 관계의 유통기한

지금도 종종 친엄마와의 관계에 대해 생각합니다. 이 관계의 유통기한이 있다면 그건 언제까지일까, 하고요. 그 기한이 이미 지나버린 게 아니길 바라면서요.

앞서 다른 페이지에서 쓴 것처럼, 엄마는 아빠와 이혼한 후 연락도 없이 지내다가 제가 외국어고등학교에 입학한 뒤 다시 저에게 전화를 걸어왔습니다. 제 아빠는 집에서 넷째 아들이었고, 그 아래로 다섯째 아들인 작은 아빠가 있어요. 그런데 제 아빠가 작은 아빠에게 집을 마련해 줬거든요. 그 집에서 작은 아빠와 작은 엄마가 가정을 꾸렸습니다. 그런 이유로 작은 아빠네 집과 제가 부모님과 살던 집은 아주 가까운 거리에 있었어요. 걸어서 십 분 정도의 거리였던 것 같네요. 그렇다 보니 작은 아빠네 가족들과도 굉장히 친하게 지냈습니다. 저도 어릴 때 작은 아빠네 집에 가서 자고 오는 일도 있었어요. 저는 제 가족이 있는 집을 피해 작은 아빠네에 가는 걸 정말 좋아했습니다. 작은 아빠네 집에 가서 자는 날이면 아빠의 술주정을 피할 수 있었으니까요. 엄마도 작은 엄마와 친하게 잘 지냈고요. 아마 엄마는 이혼한 뒤에도 작은 엄마와는 계속 연락을 나눴던 것 같아요. 작은 엄마가 저희 엄마에게 제가 광주에 있는 외고로 진학했고, 기숙사에서 생활하고 있다고 말을 전했거든요. 이런 과정을 통해 엄마는 제가 다니던 고등학교로 전화를 걸어왔습니다.

처음에는 엄마의 전화가 한없이 반가웠어요. 그리웠으니까요. 하지만 엄마와 만나 같이 시간을 보내기 시작하면서는 불안해졌습니다. 새엄마나 아빠에게 들킬까 걱정이 됐고, 한편으로는 남동생에게도 미안했어요. 남동생에게도 엄마와의 만남을 비밀로 해야 했으니까요. 남매인데 나만 이렇게 엄마를 따로 만나도 되는 건지 저 스스로 의문을 가진 채 매번 복잡한 감정으로 엄마를 만나러 나갔습니다.

거의 주말마다 엄마를 만났던 것 같아요. 엄마가 알고 있는 분위기 좋은 카페와 이름난 맛집들을 찾아다녔습니다. 맛있는 음료와 커피를 마시고, 파스타와 피자같은 학교에서는 잘 먹을 수 없었던 음식을 함께 먹었습니다. 그 순간에는 엄마와 함께 있는 게 마냥 즐거웠어요. 하지만 시간이 지나 돌이켜 봤을 때는 생각이 달라졌어요.

엄마 손에서 컸으면 큰일 날 뻔했겠다, 하는 생각이 문득문득 들 정도로 제 엄마가 모성애가 없는 사람이라는 것을 뒤늦게 알게 되었습니다. 우리 하윤이 학교 생활은 어때? 가족들과 떨어져 지내는 게 힘들지는 않니? 한 주 동안 공부하느라 고생했어. 엄마는 이런 말도 할 줄 몰랐습니다. 딸인 저를 다독이거나 격려할 수 있는 사람이 아니었던 거죠. 그래서 엄마를 만날 때면 늘 엄마를 만나는 게 아니라 친구를 만난 듯한 느낌이 들었어요.

당시 저는 한창 사춘기를 지나고 있었고, 외고에 들어가 기숙사 생활에 적응하느라 힘들기도 했던 데다, 우울감도 심하게 느끼고 있었어요. 한마디로 정말 혼란스러운 시기였지요. 그럴 때 엄마가 연락을 준 거예요. 처음에는 전쟁통에서 헤어진 가족을 다시 만난 듯 애틋하고 좋았지만, 시간이 지나자 마냥 좋지만은 않았습니다. 그동안 헤어져 있던 시간과 그사이에 생긴 상처 때문에 엄마와의 재회가 아프게 다가오기도 했고요.

공부에는 전혀 도움이 안 됐어요. 제가 엄마가 된 지금 그때를 돌이켜 봐도 그렇습니다. 엄마는 엄마로서 저를 이끌어주려고 했다기보다는, 오래 떨어져 지내던 딸을 드디어 만났다는 생각이 더 컸던 것 같아요. 우리 하윤이 공부 열심히 해야지. 요즘 학교생활은 잘하고 있는 거야? 이런 식으로 저를 이끌어주려는 말도 없었고요. 엄마도 저도 그저 그 재회의 순간에 느껴지는 설레는 감정에 취해서 여러 카페와 식당을 다녔어요. 마치 날라리 단짝처럼요.

주말에 엄마를 만나 그렇게 시간을 보내고 돌아오면, 기분이 나아지고 에너지가 충전되는 게 아니라 그다음 일주일이 더 엉망이 되는 느낌이 들었어요. 엄마와의 시간은 저에게 회복을 선사해주는 게 아니라 혼란을 더해주는 것 같았지요. 다음 한 주간을 뒤죽박죽인 상태로 보내다 보면, 엄마가 안정적으로 고여 있는 물 위에 돌멩이를 던지는 사람 같기도 했습니다. 저에게 돌을 던지는 사람 같았어요. 혹시 그때 제가 엄마를 다시 만나지 않았다면 어떻게든 공부를 놓지 않고 계속했을 수도 있겠다는 생각도 최근에는 하게 되었습니다.

더 큰 문제는 엄마를 몰래 만난 사실을 들킨 것이었어요. 제가 중학교 때부터 일기를 열심히 썼거든요. 고등학교에 들어가서도 일기를 매일 썼습니다. 그때 쓴 일기가 몇 권이나 되는데, 그걸 새엄마에게 들킨 거예요. 방학을 맞아 집에 돌아가서, 잠깐 학원에 다니고 있을 때였습니다. 학원 수업을 듣고 집에 돌아와 보니 이상한 분위기가 느껴지더라고요. 제 방에 들어가 보니 벼락이라도 맞은 것처럼 방안이 온통 헤집어져 있었습니다. 서랍들은 다 열려 있었고, 거기 있던 물건들도 바닥에 나뒹굴고 있었어요. 당시 저에게는 친엄마와만 연락하던 핸드폰이 있었는데, 그것도 바닥에 나와 있었습니다. 친엄마를 만난 일들이 상세히 기록된 일기장들도 전부 밖으로 나와 펼쳐져 있었어요. 새엄마에게 완전히 들통난 것이었습니다. 방문 밖에서는 새엄마가 저를 노려보고 있었어요.

그 후 저는 일기를 안 쓰게 되었습니다. 내가 겪은 일, 내가 느낀 감정, 내가 한 생각 등을 하나하나 남겼을 때 그게 누군가에게 피해가 되고 상처가 될 수 있다는 걸 그때 알게 되었어요. 남동생에게 가장 미안했습니다. 그 일로 상처받았을 남동생을 생각하면, 제 존재가 또 누군가에게 피해가 됐다는 생각을 떨칠 수 없었어요. 제가 친엄마를 몰래 만난 걸 알고 서운해하고 아파하는 새엄마를 보면서도 또 내가 잘못했구나, 하는 생각을 수없이 했습니다.

그날들로부터 참 긴 시간이 흘렀네요. 하지만 저는 지금도 가끔 생각합니다. 저와 친엄마와의 관계는 어디까지일까요. 어쩌면 엄마가 저를 낳아주고 열 살까지 키워주었던, 딱 거기까지가 우리 관계의 유통기한이었는지도 모르겠습니다.

이 세상에 우리 둘뿐

 남동생을 빼놓고는 제 어린 시절과 청소년기에 대해 이야기할 수 없을 것 같아요. 한 살 차이인 저와 남동생은 서로 의지하며 힘든 시간을 견뎌냈으니까요. 남동생과 저는 한 번도 갈등이 없었습니다. 싸울 일이 없었던 게 아니라, 다투고 토라질 일이 생겨도 서로 이해하면서 그 시간을 지나온 것이었지요. 아닌 게 아니라 저는 늘 내가 엇나가면 남동생도 큰일 난다, 하는 생각이 마음속에 있었어요. 아마 남동생도 저와 똑같이 생각했을 거예요.
 중학교에 들어가면서 제가 공부에 집중하다 보니 함께 보내는 시간이 줄어들긴 했어요. 제가 아침 일찍 학교에 갔다가 영재반 수업과 학원 수업을 마치고 집에 들어오면 이미 새벽 한두 시였으니까요. 하지만 집에서 아주 잠깐 보더라도 늘 서로 응원해주고 챙기면서 지냈습니다. 만약 그때 남동생이 제 옆에 없었다면 저는 그 시기를 그렇게 버텨내지 못했을 거예요.

중학교에 다니는 동안 저는 시험만 보면 줄곧 일 등을 했었는데, 딱 한 번 이 등을 한 적이 있었어요. 제 성적에 관심이 많고, 제가 공부를 잘해야 한다고 생각했던 아빠는 한 번 이 등을 한 걸 가지고도 엄청 화를 냈어요. 아침 밥상머리에서 제 머리를 쥐어박았습니다. 그전까지 아빠는 저를 잘 혼내지 않았고, 화를 낸 적도 거의 없었기 때문에 아빠에게 많이 서운했어요. 그때도 남동생이 옆에서 저를 위로해 줬습니다. 당시 진심으로 저를 응원하고 위로해 주는 사람은 남동생뿐이었어요. 지금 생각해도 남동생과는 세상에 둘도 없는 끈끈한 관계였습니다.

새엄마가 남동생과 저를 구속하고 정신적으로 힘들게 했을 때도 저희 둘은 서로 의지하면서 그 시간을 지나왔어요. 아빠와 사이가 틀어지고 싸움이 잦아지자 새엄마는 저와 남동생을 더 심하게 구속하고 감시했습니다. 외출할 때면 어디에 가는지, 누구를 만나는지, 무엇을 하는지 하나하나 보고해야 했어요. 저도 남동생도 그런 생활이 답답했고요. 동생은 남자아이니까 어쩌면 더 심하게 느꼈을지도 모릅니다. 자칫 방황하면서 비뚤어졌을지도 몰라요. 당시 저도 많이 힘들었지만, 제가 엇나가버리면 남동생마저 잘못된 길로 빠질까 봐 그게 늘 걱정이 됐습니다. 그래서 어려운 상황에서도 남동생을 생각하며 마음을 다잡았어요. 아마 저도 남동생도 잘못된 길로 빠지지 않도록 서로의 방패막이가 되어줬던 것 같아요. 서로 의지하고, 붙잡으면서요.

특히 제 남동생은 음악을 좋아했습니다. 저도 그랬고요. 중학교 시절에는 한창 인기였던 힙합을 저와 동생 둘 다 즐겨 들었습니다. 마침 집에 비디오 기계가 있었어요. 저희는 네모난 비디오테이프를 구해서 좋아하던 음악 방송을 녹화했습니다. 하루는 둘이 나란히 앉아 그걸 돌려 보다가 흥이 오르더라고요. 둘 다 신이 나서 춤을 곁들여 추기 시작했고, 그 뒤로도 종종 시간이 맞으면 비디오테이프를 틀어놓고 춤 연습을 했습니다. 힙합에 몸을 맡기면서요!

고등학교에 들어가면서 남동생은 기타를 배우기 시작했어요. 처음에는 기타를 잡고 코드 연습을 하는 걸 좀 힘들어하는 것 같더니, 어느 순간 익숙해져서 금세 악보를 보며 곡을 연주하더라고요. 제 동생은 어릴 때부터 음악적인 재능이 뛰어났던 거죠. 저는 그런 재능은 없었고, 다만 흥이 많아서 남동생이 치는 기타 선율에 맞춰서도 막춤을 추곤 했어요. 그러다가 고등학교 입학한 뒤로 댄스 동아리에 들어가게 됐습니다. 아빠는 제가 외고에 가서 열심히 공부를 하길 바랐지만, 저는 다른 쪽에 더 관심이 갔어요. 마침 댄스 동아리에서 신입생을 모집하길래 지원했고, 무대에도 여러 번 올랐습니다. 춤 연습을 너무 열심히 한 탓에 무릎 인대가 나간 적도 있어요. 당시 기숙사 생활을 했기 때문에 옆에 아무도 없어서 저 혼자 아픈 다리를 끌면서 병원에 오갔던 기억이 나요. 지금도 날씨가 안 좋으면 그때 치료받았던 다리가 쑤시고 아프기도 합니다. 하지만 댄스 동아리에서 보낸 시간은 후회하지 않아요. 고등학교에 다니던 당시 많이 힘들고 우울했는데, 춤을 추면서 마음속에 쌓인 고민과 상처를 조금은 털어낼 수 있었으니까요. 그 시작을 남동생과 함께했다는 것도 뜻깊게 느껴집니다.

더 시간이 흘러, 저만 혼자서 친엄마를 만났던 걸 안 뒤에 남동생이 서운한 기색을 내비친 적이 있습니다. 속으로는 더 많이 서운하고 속상했을 거예요. 그런데도 남동생은 정작, 새엄마가 제 일기장을 뒤지고 핸드폰을 몰래 본 일을 제가 기분 나빠했을까 봐 그걸 더 신경 쓰더라고요. 어릴 때부터 아빠가 남동생보다는 저를 더 예뻐하셨는데, 그게 은근히 티가 나기도 했는데, 그걸 가지고도 남동생은 제 탓을 하거나 저를 미워하지 않았어요. 그때도 서운하고 속상했겠지만요.

저 역시 그랬습니다. 친엄마도 새엄마도 저보다는 남동생을 더 예뻐하셨고, 그게 겉으로 티가 날 때도 많았지만, 그런 일들 때문에 제가 남동생을 다르게 보게 되진 않았어요. 남동생과 단 한 번도 싸운 적이 없었던 건, 그만큼 서로가 서로에게 소중해서 그랬던 게 아닌가 싶어요. 외부에서 무슨 일이 생겨도 그 화살을 서로에게 돌릴 수 없었던 거죠.

그런데도 딱 하나, 마음에 걸리는 게 있습니다. 어린 시절의 일이에요. 저도 그랬지만 남동생도 어릴 때 소극적인 편이었습니다. 당시 살던 집 앞에는 저희가 자주 놀러갔던 놀이터가 있었어요. 근데 거기에 다른 아이들이 많이 놀고 있으면 제 동생이 잘 놀지를 못하더라고요. 그네가 두 개뿐이어서 아이들이 많으면 기다려야 했거든요. 그래도 어느 정도 기다리고 나면 바꿔 달라고, 나도 타고 싶다고 말할 수도 있었을 텐데 남동생은 그런 말을 하지 못했어요. 놀이터에 아이들이 많으면 그날은 그네를 아예 타지 못하고 집으로 돌아갔지요. 나와, 나도 탈 거야. 그 말을 못 해서요. 남동생은 비가 오는 날에나 그네를 마음껏 탈 수 있었어요. 차가운 비를 맞으며, 옷을 적셔 가면서, 그네를 타던 동생의 모습이 떠오르네요. 지금 생각하면 그게 너무 미안해요. 제가 누나로서 나서서 동생이 탈 그네를 대신 차지해 줄 수도 있었을 텐데 저도 소극적인 성격이라 나서지를 못했거든요. 남동생이 그네 타는 걸 좋아하고, 그래서 매번 그네 앞을 서성이는 걸 알았으면서도요.

하지만 이런 기억도 있습니다. 옛날에는 학교 앞에서 병아리를 많이 팔았어요. 남동생이 거기서 병아리를 사서 왔더라고요. 그런데 딱 봐도 병아리는 건강해 보이지 않았어요. 생기가 없는 게, 이미 어딘가가 아픈 것 같았습니다. 아니나 다를까 남동생이 사 온 병아리는 며칠 못 가 죽고 말았지요. 함께한 내내 시름시름 앓는 모습만 보긴 했지만, 어쨌든 단 며칠이라도 같이 산 병아리가 죽은 게 너무 슬펐어요. 남동생도 많이 울었습니다. 둘이서 울면서 병아리를 데리고 나갔어요. 놀이터 뒤쪽으로 가서 손으로 흙을 판 뒤 그 안에 묻어 주었어요. 편히 쉬기를 기도하면서요. 한 생명이 세상을 떠나가는 과정을, 그때 남동생과 함께 처음으로 지켜보았어요. 함께 울며 애도했던 기억, 남동생과 둘이 서로 위로해 주었던 일이 아직도 제 마음에 남아 있습니다.

마음을 털어놓을 수 있는 친구

중학생 시절 영재반에 같이 다니던 친구와 교환일기를 쓰게 됐어요. 저는 그 친구와 가까워진 계기를 기억 못 하고 있었는데, 나중에 친구가 말해주더라고요. 영재반에서 수업을 들을 때 저희가 주로 과학실에서 수업을 듣고 공부도 했거든요. 그곳에는 비커와 스포이드, 현미경 같은 갖가지 실험도구가 교실 뒤편 책장에 쌓여 있었어요.

그런데 제가 언젠가 한 번 그 친구를 따로 부르더니 과학실 책상 밑으로 데려가더래요. 학교 과학실 가면 보통 크고 넓은 책상이 여러 개 놓여 있잖아요. 여럿이서 같이 실험하고 토론할 수 있도록 만들어진, 칸막이 없이 넓은 책상이요. 거기에 여섯 명이 함께 앉아서 다 같이 공부를 하고 있었어요. 한창 열심히 공부에 집중하고 있는데 제가 그 친구만 그 아래로 부른 거예요. 그래서 친구가 몸을 수그리고 책상 밑으로 들어왔대요. 무슨 중요한 일이라도 생긴 건가, 싶어서 조금은 걱정하고 있었는데 제가 웃으면서 간식을 나눠줬다고 해요. 아마 젤리나 캐러멜이었을 거예요. 친구는 저의 그런 모습이 귀여워 보였대요.

아마 그때부터였을 거예요. 그 친구가 저를 유독 좋아하더라고요. 중고등학교 다닐 때 왜 그런 거 있잖아요. 친구를 친구 이상으로 좋아하는 거요. 그 친구가 저를 대할 때 좀 그런 느낌이 들었어요. 저는 이 친구 저 친구 두루 친하게 지내고, 하루는 이 친구와 같이 놀고 다음 날은 또 다른 친구와 같이 놀고 했지요. 그런데 그 친구는 딱 저랑만 놀려고 하더라고요. 쉬는 시간에도 저와 둘이서 얘기하려고 하고, 영재반을 오가는 차량 안에서도 꼭 저와 나란히 앉아서 가길 바랐어요. 먹을 것이 생기면 제 몫만 따로 챙겨서 몰래 전해줬고요. 마치 그 친구에게는 오로지 저뿐인 것 같았습니다.

교환일기도 그 친구가 먼저 제안해서 쓰기 시작했습니다. 저와 친구는 주로 연예인에 관련된 내용을 많이 썼어요. 그때 한창 인기 있던 가수가 HOT였는데, 저도 친구도 HOT를 좋아했고 둘 다 그 안에서도 토니를 제일 좋아했거든요. 중학교에 다닐 때는 연예인 누구를 좋아하는지, 그런 관심사가 통하는 게 친구 관계에 영향을 많이 줬던 것 같아요. 저와 친구도 서로 좋아하는 연예인이 같다는 점에서

할 얘기가 많았습니다. 교환일기에도 주로 H.O.T의 멤버 토니에 대해서 썼지요. 제가 토니가 어제 음악 프로그램에 나와서 어떤 말을 했다, 이렇게 적으면 그 친구가 자기도 봤다고 맞장구를 치는 내용이 주를 이뤘어요.

그러면서도 저는 그 친구와의 교환일기에 제 집과 가족에 대한 이야기도 종종 적곤 했어요. 아빠가 술을 마시고 와서 새엄마에게 욕하고, 두 사람이 싸우고 하는 일들도 그 일기장에는 적을 수 있었습니다. 그 친구가 저를 소중하게 생각한 것처럼, 저에게도 그 친구는 힘든 사정까지 털어놓을 수 있는 사람이었던 것 같아요.

그렇게 교환일기를 쓰기 시작하니 일상의 기록을 남기고, 제 생각과 감정을 글로 적는 게 좋아지더라고요. 일기를 쓴다는 것 자체가 뜻깊게 느껴지기 시작했지요. 어느 순간부터는 친구보다 제가 더 열심히 일기를 썼어요. 그러다가 교환일기 외에도 저만의 일기장을 한 권 더 사서 쓰기 시작했습니다. 겉표지에는 중학교 시절 제가 좋아했던 캐릭터의 이미지가 그려져 있었어요. 단단한 양장으로 커버가 입혀진 그 일기장을 손에 잡을 때면 느껴지던 감촉이 아직도 생생하게 떠오릅니다.

그 안에는 그날 공부한 것, 학교에서 있었던 일, 집에서 속상했던 점 등에 대해서 뭐든지 적을 수 있었어요. 제 안에 있는 것들을 끄집어내어 글로 적어 보니 무언가 해소되는 것 같기도 했습니다. 그래서 저는 매일 일기를 쓰게 되었어요. 하루를 마치고 집에 돌아와, 어두운 방에서 양초를 켜놓고 한 글자 한 글자 공들여 내용을 적어나갔지요. 희미하게 흔들리는 양초의 불빛에 제가 쓴 글자들이 따라 흔들리는 것만 같았던 그 순간이 지금도 머릿속에 남아 있어요. 그렇게 한 권 한 권 일기장이 모이는 게 당시의 저에게는 큰 즐거움이었고요.

하지만 그 친구와의 교환일기는 그렇게 오래 이어가지 못했습니다. 이번에도 친구가 먼저 그만하자고 말했어요. 제가 계속 다른 친구들과의 관계를 유지하고, 더 많은 친구와 가깝게 지내고 하니까 어느 날 그 친구가 저를 붙잡고 말하더라고요.

"나는 왜 너를 항상 기다려야 해?"

친구의 목소리가 떨리고 있었어요. 이마와 미간에는 살짝 주름이 생겼지요. 저를 바라보던 눈빛도 흔들리는 것 같았는데 친구는 어느새 고개를 돌려버렸습니다. 그리고 뒤를 돌아서 천천히 앞으로 걸어갔습니다. 그때는 친구의 말을 이해하지 못했어요. 나중에, 시간이 지나서 제가 남자친구를 만나고 연애를 시작한 뒤에야 알았습니다. 누군가와 연인 관계일 때, 상대방이 바쁘고 친구들을 자주 만나러 다니고 나이트나 클럽에라도 나가고 하면 한쪽에서는 계속 기다려야 하잖아요. 보통은 남자 쪽에서 그런 식으로 여자친구를 대하는 경우가 많고요. 제가 남자친구를 만나면서 그 사람을 기다리게 되었을 때, 그 친구의 말이 비로소 이해되었어요. 아무래도 그 친구는 제가 자신만 특별하게 여겨주기를, 더 중요하고 친한 친구로 챙겨주기를 바랐던 것 같아요. 하지만 저는 그렇게 해주지 않았고 그게 그 친구를 서운하게 했던 것 같습니다.

교환일기를 그만 쓰기로 한 뒤로도 저는 제 일기장을 계속 써나갔어요. 저 혼자 쓰는 일기장에 꾸준히 일상을 적었습니다. 그날 하루 동안 저에게 있었던 일들과 떠오른 생각들을 솔직하게 썼어요. 어차피 나 혼자 쓰는 글이고, 보는 사람도 나뿐이니까요. 당시에는 다른 글쓰기엔 관심이 없었어요. 다른 글쓰기는 누군가 볼 수도 있는 글이라고 여겼고 그러면 솔직하게 쓸 수 없다고 생각했던 것 같아요. 그 당시에는요. 그때 저는 일기장에 자물쇠까지 걸어 두었어요. 그리고 그 안에 온갖 솔직한 마음을 다 담았습니다. 일기장이 제 마음을 다 털어놓을 수 있는 유일한 친구라고 여기면서요. 저를 특별하게 아끼던 친구가 남겨준 인연이라 생각하면, 마음 한편이 조금 짠해집니다.

수술하고 얼마나 울었는지

부모님이 이혼한 후 새엄마가 들어오자 아빠의 술주정은 새엄마를 향하게 되었습니다. 크게 한 번 싸우는가 싶더니, 그 뒤로는 마치 그동안 싸울 상대만을 기다렸다는 듯 험한 말과 폭력이 오가게 되었어요. 살림살이가 남아나지 않았고, 그런 환경에서 저와 남동생은 청소년기를 보내야 했지요. 하루하루 숨죽이며 지냈던 기억이 납니다.

한편 아빠는 친엄마나 새엄마에게는 술을 마시고 폭력과 폭언을 일삼으면서도 저와 남동생에게는 그렇게 심하게 대하지 않았어요. 특히 저를 유독 예뻐했습니다. 물론 저에게도 아빠의 폭력과 폭언이 영향을 주었지요. 그래도 엄마들에게 했던 것과 같은 수준은 아니었습니다. 그렇다고 해도 저는 어린 시절 아빠의 말과 행동에 큰 충격을 받았고, 그날들은 제 안에 오래도록, 깊이 남아서 씻어지지 않았어요. 저에게 직접적인 폭력이나 폭언이 향하지 않았더라도, 어린 나이였기에 보고 듣는 것만으로도 큰 충격을 받았지요.

어쨌거나 아빠는 술에 취하면 심한 주정을 부리곤 했지만, 자녀들에게는 손찌검만은 삼가려는 것 같은 모습이 있었어요. 저에게는 특히 자상하기도 했습니다. 저는 초등학교 6학년이 될 때까지 아빠 무릎 위에서 텔레비전을 보곤 했어요. 그리고 새엄마는 그런 저를 질투했던 것 같습니다.

어느 날 제가 아빠 무릎 위에서 아빠와 이야기를 나누면서 텔레비전을 보고 있었습니다. 아마 학교에서 친구들과 있었던 일을 이야기하느라 한참 신이 났던 것 같아요. 제가 신이 나서 얘기하니 아빠도 기분 좋게 들어주었을 거예요. 제가 말을 이어가는 중간중간 아빠가 큰소리로 웃기도 했지요. 아빠와 제가 오순도순 이야기를 나누는 동안 새엄마는 싱크대에서 설거지를 하고 있었습니다. 그런데 그 시선이 느껴지더라고요. 뭔가 못마땅하다는 눈빛으로 저와 아빠가 있는 쪽을 흘끔흘끔 쳐다보는 새엄마의 시선이요. 왜인지 마음이 불편했습니다.

보고 있던 프로그램이 끝난 뒤, 아빠는 방으로 자러 들어갔습니다. 그리고 설거지를 마친 새엄마가 제 옆에 와서 앉았어요. 저는 아빠에게 했듯 새엄마에게도 그날 학교에서 있었던 일들을 이야기하려고 했습니다. 아직 이야기할 게 남아 있었거든요. 그런데 새엄마의 반응은 차갑기만 했습니다. 말도 제대로 들어주지 않았고, 뭘 물어봐도 화난 어조로 대답했습니다. 표정은 딱딱하게 굳어 있었어요. 그 모습이 어린 제게는 조금 무섭게 느껴졌어요. 그때 저는 질투라는 감정에 대해서 처음으로 깊이 생각해 보게 되었습니다.

사실 저는 아빠를 많이 닮았습니다. 그래서 아빠가 저를 유독 예뻐했을지도 모르죠. 물론 꼭 그런 이유 때문만은 아니겠지만요. 그리고 새엄마는 아빠를 닮은 제 외모를 좋아하지 않았어요. 특히 아빠와 자주 싸우기 시작하면서부턴 이런 말을 저에게 자주 했습니다.

"너는 어째 눈빛이 네 아빠를 쏙 빼닮았냐?"

새엄마는 저를 빤히 쳐다보면서 그런 말을 했어요. 그리고 저에게서 눈을 떼지 않은 채 말을 덧붙였습니다.

"그 눈빛이 싫다, 나는."

잔뜩 날이 선 목소리였고, 저는 그 말에 놀라 새엄마를 보고만 있었습니다. 그런 말에 뭐라고 대답할 수 있었겠어요? 제가 아무 말 없이 자신을 보고만 있으려니 새엄마는 저에게 다시 쏘아붙였습니다.

"왜 그렇게 쳐다봐. 너 그렇게 쳐다보지 마."

그 말을 듣고 왈칵 눈물이 나오려고 했지만, 어쩐지 울면 안 될 것 같은 기분이 들었습니다. 왜 그런지는 모르겠지만, 본능적으로 그 상황에서는 눈물을 보이면 안 된다는 걸 알아차렸지요. 저는 애써 눈물을 참았습니다. 그런데 눈을 어디에다 둬야 할지 모르겠더라고요.

이런 식으로 새엄마는 자주 제 존재를 부정했습니다. 청소년기를 지나면서, 저는 새엄마로부터 반복적으로 비슷한 말을 들었습니다. 네 그 눈빛이 불쾌해, 네 아빠를 빼닮은 네 얼굴이 너무 불쾌해, 네 존재 자체가 나에게 매우 불쾌해. 이런 메시지가 저에게 계속 심어지는 것만 같았어요.

그리고 제가 고등학교를 졸업하고 성인이 되자, 새엄마는 저를 데리고 성형외과에 갔습니다. 저는 원래 쌍꺼풀이 없는 눈입니다. 그런데 그 눈이 너무 촌스럽지 않냐며, 쌍꺼풀 있는 눈이 더 예쁘다며 수술하자고 저를 설득하는 거예요. 사실은 아빠와 닮은 눈과 그 눈으로 웃고 울 때 아빠와 표정까지 비슷해지는 게 싫었겠죠. 새엄마는 상하부 수술을 받으면 좋을 것 같다고 말했고, 본인이 직접 병원을 알아봤습니다. 상담도 제가 받은 게 아니라, 새엄마가 괜찮다고 알아본 병원에서 새엄마가 받았어요. 이렇게 해달라 저렇게 해달라 요구사항도 새엄마가 전달했습니다.

저는 싫다고 말하지 못했어요. 제대로 저항하지 못한 채로 또 엄마 손에 이끌려서 병원에 갔고, 엄마가 시키는 대로 수술대에 누웠습니다. 태어나서 처음으로 전신마취를 하고 수술을 받는 거라 너무 무서웠어요. 수술도 무섭고 마취도 겁났지만 사실 가장 두려웠던 것은 저를 부정하는 엄마의 태도였습니다. 수술을 마치고 집에 돌아오고서 저는 많이 울었습니다. 원래는 쌍꺼풀 수술 직후에 울면 안 되는데, 흘러나오는 눈물을 참을 수가 없었어요.

당시 남동생은 열아홉 살이었습니다. 저는 막 스무 살이 되었고요. 둘 다 서로 일상이 바빠 집에서 자주 마주치지 못했어요. 그래서 남동생은 제가 쌍꺼풀 수술을 받고 나서 한참이 지나서야 수술 사실을 알았습니다. 한편 아빠는 대체로 집에 있었는데도 제가 쌍꺼풀 수술을 받은 걸 한동안 알지 못했어요. 제가 아빠를 피해 다녔거든요. 방문을 늘 닫아두었고, 아빠가 나와 있을 땐 거실로 나가지 않았습니다. 화장실도 아빠를 피해서 다녔던 것 같아요. 네가 네 아빠를 닮은 게 싫다던 새엄마의 말이 자꾸 떠올랐기 때문입니다. 그런 말을 들은 마당에 아빠의 얼굴을 보게 되면 제가 어떤 표정을 짓게 될지 겁이 났습니다.

친구들은 제가 쌍꺼풀 수술을 받은 걸 알고 예쁘게 됐다고 좋게 말해주었어요. 하지만 그때 저에게는 수술받은 눈이 얼마나 예쁜지 하는 건 하나도 중요하지 않았어요. 수술 부위가 아물고 쌍꺼풀이 자리를 잡아가는 동안에도 내내 마음이 아팠습니다. 수술받은 부위의 통증보다 마음이 더 아팠던 것 같네요. 저는 애초에 통증을 잘 참는 사람입니다. 남들이 저를 아프게 하거나 날카로운 말을 던져도 잘 참아냅니다. 제 몸에 난 상처에도 익숙한 편이지요. 어릴 때 자전거에 부딪혀 크게 다쳤을 때도 흐르는 물에 그 상처를 혼자 씻어내기도 했으니까요. 하지만 그때는 한동안 참을 수 없이 아팠던 것 같아요. 수술 부위가 아니라, 새엄마에게 부정당한 제 마음이요.

3장

무너지던 날들

남을 찌르는 건 못 해요

고등학교에 진학할 때는 아빠의 강요로 외국어고등학교에 들어갔는데, 대학교에 진학할 때는 새엄마의 강요로 간호대학교에 들어가게 되었습니다. 남동생이 저보다 한 살 어려서 저희는 대학교 진로 문제도 비슷한 시기에 고민하게 되었어요. 앞서 쓴 것처럼 새엄마는 저와 남동생에 대한 간섭과 통제가 심했어요. 아빠와 관계가 틀어질수록 점점 더 심해졌습니다. 저에게는 간호대학교에 가지 않으면 등록금을 안 내주겠다고 엄포를 놓았고, 남동생에게는 119 구조대원이 되라고 강요했습니다. 새엄마의 강요에 못 이겨 저는 결국 간호대학교에 지원했고, 합격했어요. 반면에 제 남동생은 거부하더라고요. 새엄마의 말에 싫다는 의사를 밝히더니 곧 호주로 떠났습니다. 그 후로도 한국으로 돌아오지 않고 계속 호주에서 살고 있어요. 반면 저는 이번에도 타인의 뜻에 거스르지 못하고 그대로 받아들였습니다. 받아들이기는 했는데, 간호대학교가 저와 맞지 않아서 정말 힘들었어요.

　일반적으로 간호대학교에 입학하면 간호사가 되기 위해 필요한 내용을 일괄적으로 배웁니다. 해부학, 생리학 등등 다양한 의학 분야를 공부해요. 의사들이 전공 분과를 나누기 전에 모든 의학 분야를 다 배우는 것과 비슷해요. 다만 의사들은 과를 선택한 이후에 전공을 더 깊게 배우고 인턴, 레지던트, 전문의까지 세분화된 과정을 거친다면 간호사는 그렇지 않다는 게 차이점일 것 같습니다. 간호사는 전체 과정을 배우고 나면 학교를 졸업하게 되어 있어요. 그리고 과는 취업할 때 결정합니다. 만약 삼교대로 임상 실습을 하는 사람이라면 병원에서 과를 정해주기도 하고요. 그럴 때는 여러 분과를 로테이션하며 근무하는 경우가 많습니다.

　처음 학교에 들어갔을 때, 분위기가 고등학교와 비슷해서 많이 놀랐어요. 일교시부터 칠교시까지 계속 수업이 이어졌습니다. 중간에 쉬는 시간이 있기는 했지요. 고등학교에서 그러듯이요. 십 분씩 쉬는 시간을 갖고 다시 수업을 시작하곤 했는데, 그럴 때면 외고 교실이 떠오르기도 했습니다. 제가 다닌 간호대학교는 일반 대학교에서 흔히 볼 수 있는, 학생이 직접 해당 학기의 수업 시간표를 짜는 시스템이 아니었어요. 보통은 한 학기에 어떤 과목을 들을지, 모두 몇 학점을 채워서 들을지도 학생이 자율적으로 결정한다고 들었는데, 그 학교에서는 그런 선택의 자유가 없었습니다. 학교에서 정해준 시간표대로 모든 수업을 들어야 했어요. 그런 점에서도 고등학교와 유사하게 느껴졌습니다. 그런 점이 저는 좀 답답했어요.

고등학교와 달랐던 점이 있다면, 실습이 많았다는 것이었습니다. 거리가 먼 병원으로 실습을 나가야 할 때는 이른 새벽에 일어나 서둘러 준비하고, 부랴부랴 집을 나서야 했지요. 첫차를 타고 병원에 가야 했으니까요. 실습 나가는 병원이 각지에 있었거든요. 어떤 때는 병원이 멀리 일산에 있기도 했는데 그럴 때는 정말 서둘러야 했어요. 이런 식으로 학교에서 정해준 시간표대로 학과 공부와 고된 실습을 병행하면서 대학 생활을 해나갔습니다.

하지만 간호대학교가 저와 잘 맞지 않아서였는지, 공부를 잘하지 못했어요. 그래도 중학교 때 공부했던 방식대로 의학 용어를 외우고 실습에도 성실하게 참여해서 간호사 면허는 취득할 수 있었습니다.

그렇다고 해서 대학교 생활 자체가 흥미로웠던 것도 아닙니다. 사실 지금 돌아보면 정말 재미없게 시간을 보냈다고 생각됩니다. 저는 간호대학교의 과정을 잘 따라가지 못하는 편이었는데, 이상하게도 당시 어울리던 친구들은 다들 공부를 잘하는 편이었어요. 정말 공부만 열심히 하는 친구들과 가깝게 지냈던 것 같은데, 그러면서도 저는 간호학 공부와 잘 맞지 않으니 자주 회의감을 느꼈고요. 그렇다 보니 대학교 생활을 온전히 즐기지도 못했습니다. 연애를 하거나, 새로운 것을 시도해보는 등의 경험도 충분히 하지 못한 채 시간만 보낸 것 같습니다.

무엇보다도 저를 가장 힘들게 했던 건, 주사 그리고 피에 대한 두려움이었습니다. 간호사가 되기 위해서는 그 두 가지를 반드시 극복해야 했어요. 사실 저는 건강상의 이유로 성장호르몬 주사를 자가로 놔야 해요. 인슐린을 맞는 것처럼, 배에다가 직접 주사를 놔야 합니다. 그런데 그런 건 아무렇지도 않아요. 얼마든지 제 배에 주사를 놓을 수 있습니다. 그게 아프게 느껴지지도 않고요. 이렇듯 저는 저 자신에게 주사를 놓는 것은 아무 문제가 되지 않아요. 그런데 남을 찌르는 건 못 하겠더라고요. 그건 저에게 정말 힘든 일이었습니다.

더 힘들었던 건 피였어요. 중환자실에 실습을 나갔을 때의 일입니다. 중환자실에 있는 환자들은 거의 혼수상태였지요. 그중 한 환자는 목 부분에 기관을 연결해 놓은 채로, 호스를 통해 가래를 뽑아내는 처치를 받아야 했습니다.

"이거 누가 나와서 해볼래요?"

교수님이 학생들을 향해 물었습니다.

"제가 하겠습니다."

곧바로 손을 든 건 제 친구였어요. 대학교 때 제가 친하게 지냈던 공부 잘하는 친구 중 한 명이었지요. 저는 못 했어요. 자신 없는 모습으로 뒤에서 지켜보기만 했습니다. 아마 그런 제 태도를 교수님도,

같은 과의 친구들도 눈치채고 있었을 거예요.

또 한 번은 산부인과로 실습을 나간 적이 있었어요. 제왕절개 현장에서 실습을 진행했습니다. 수술대에 환자가 누워 있었고, 여러 명의 의사들이 환자를 에워싸고 있는 장면을 저는 그 뒤에 놓인 의자에 올라가서 지켜봐야 했지요. 그 상태로 제왕절개 장면을 지켜보고 있는데, 남자 의사의 손이 환자의 자궁 안으로 팔꿈치 위까지 들어가지 뭐예요. 그 장면을 보다가 제가 그만 쓰러지고 말았습니다. 의자 위에서 그대로 바닥으로 굴러떨어졌고, 정신을 차렸을 때는 산모들과 함께 회복실에 누워 있었던 기억이 납니다.

다음에는 자연 분만 현장을 지켜봐야 했어요. 당시 자연 분만을 할 때는 수술대 아래에 양동이 같은 것을 가져다 두었습니다. 아기가 나오는 과정에서 산모에게서 출혈이 심하게 일어나기 때문에 그러는 거라고 들었어요. 이번에는 절대 쓰러지지 않겠다고 마음속으로 다짐하며 이를 악물었지만, 결국 이번에도 쓰러지고 말았습니다. 눈을 떠 보니 제가 바닥에 쓰러져 누워 있고, 여러 사람이 저를 내려다보고 있었어요. 여기저기서 괜찮냐고 묻는 소리가 들렸고, 저는 다시 회복실로 옮겨졌습니다.

이렇듯 새엄마의 강요로 간호대학교에 들어가긴 했지만, 그만큼 힘들게 대학교 생활을 해내야 했어요. 저도 처음에는 간호학이 이렇게 적성에 맞지 않을 거라고는 예상하지 못했지요. 주사와 피가 너무 두려웠던 저는 결국 그 두 가지가 없는 안과를 선택했습니다.

집을 나온 이유

IMF가 터지자 아빠는 회사에서 곧바로 정리해고를 당했습니다. 새엄마가 혼자서 생계를 책임져야 하는 상황이 되었지요. 그 시기에 저는 막 대학 진학을 앞두고 진로를 결정할 때였습니다. 새엄마는 집안 형편을 빌미로 간호대학교에 가도록 저를 설득했어요. 사실은 강요받았습니다. 하지만 제가 느끼기에도 당시 저희 집은 사정이 정말 좋지 않았어요. 아빠는 실직한 상태였고, 엄마 혼자 식당에 나가 일하며 저와 남동생을 챙겨야 했으니까요.

그래서 결국 저는 제가 원하는 방향이 아니라, 엄마의 뜻에 따라 진로를 정하게 되었습니다. 당시 저는 외국어고등학교에서 독일어를 전공했고, 고려대학교 캠퍼스 독일어과에도 합격한 상태였어요. 하지만 고려대학교에 진학하려면 조치원에서 혼자 지내며 통학해야 했으니 새엄마 입장에서는 탐탁지 않았을 겁니다. 제가 밖으로 나가서 새엄마 품을 벗어나는 게 싫었던 건지도 몰라요. 돈 문제도 컸겠지만요.

사실 아빠가 정리해고될 당시, 각종 연금과 퇴직금이 꽤 많이 나왔다고 새엄마에게서 들었습니다. 그런데 아빠가 그걸 다 주식에 쏟아부었고, 결국 전부 날리고 말았어요. 아빠는 실직 직후부터 굉장히 우울하고 무기력한 상태로 술에 의지해 하루하루를 보내고 있었습니다. 그런 상황에 연금과 퇴직금까지 주식으로 다 탕진했으니, 마음이 더욱 무너졌겠지요. 술에 취해 욕을 하고, 주정을 부리는 증상은 더욱 심해져 갔습니다. 특히 새엄마와는 하루가 멀다 하고 싸웠고요.

하루는 새엄마가 퇴근하고 집에 오니까 아빠가 술을 마시고 있었던 거예요. 식당 일로 이미 지칠 대로 지친 새엄마가 부드러운 태도를 보이기는 어려웠을 거예요. 술에 취해 있는 아빠에게 새엄마가 한 소리를 하자 아빠는 득달같이 화를 냈습니다. 그리고 그날 밤 새엄마와 아빠는 정말 심하게 싸웠습니다. 심지어 아빠가 소주병으로 새엄마의 머리를 내리쳐서 새엄마의 뒤통수가 찢어지고 피가 났어요. 밤중에 병원 응급실로 달려갔던 게 기억나네요.

그런 와중에 새엄마가 바람을 피우기도 했습니다. 그 사실을 알게 된 상대 남자의 가족은 저희 집에 찾아와 소리를 지르며 따지고 아빠를 부르면서 난동을 부렸고요. 그 시기, 새엄마는 사는 게 괴롭다며 손목을 긋기도 했어요. 그 과정에서 제 인생도 엉망이 된 것 같았습니다. 그 시기에 저는 정말 지옥에서 살았던 것 같아요. 그런 사건들이 제 마음속 깊이 새겨져 이후 제 우울증에도 많은 영향을 주었을 것입니다.

남동생은 성인이 되자 군대에 들어갔어요. 제대 후에는 바로 호주로 떠나더라고요. 한국에서의 생활, 이 가족 안에서의 문제에서 벗어나고 싶었겠죠. 어쩌면 도망치는 마음으로 출국을 결정했을지도 모르겠어요.

그즈음 새엄마는 한 가지 결단을 내렸습니다. 아빠를 치료센터에 입원시키기로 한 것입니다. 그 전부터 아빠의 알코올 중독 증상은 갈수록 심해지고 있었습니다. 새엄마는 어느 날 제게 그 문제를 의논해 왔습니다.

"하윤아, 네 아빠를 어찌 하면 좋을까? 어디 병원에라도 보내야 할 텐데."

그렇게 말하는 새엄마의 얼굴이 너무 안돼 보였고, 저도 아빠가 술을 마시고 부리는 행패에 이미 지칠 대로 지친 상태였어요. 그래도 처음에는 망설였습니다. 아빠가 아무리 가족들을 괴롭게 해도 치료센터에 입원을 시킨다는 것까지는 상상하기 힘들었어요. 그래서 바로 입원 수속을 진행하지는 않았고, 우선 아빠의 상태를 조금 더 지켜보기로 결정했습니다.

하지만 아빠는 조금도 나아지지 않았어요. 오히려 시간이 갈수록 과음과 폭언과 폭력의 강도는 점점 세졌습니다. 어느 날부터인가는 저도 이 집에 아빠만 없으면 천국일 것 같다는 생각이 들기 시작하는 거예요. 그래도 새엄마와 저는 조금 더 견뎌보기로 했습니다. 그렇게 참다 참다 더는 안 될 것 같은 시점이 되었을 때, 우리는 다시 한 번 아빠의 입원 문제를 의논하게 되었습니다.

"내가 이제는 정말 못 살겠다. 못 살겠어."

새엄마가 먼저 말을 꺼냈습니다. 이번에는 저도 새엄마의 뜻에 따르겠다고 대답했어요. 새엄마의 결정에 동의한다고요. 그리고 덧붙였습니다. 저도 마음의 준비가 됐고, 아빠를 치료센터에 보내는 것은 제 의지라고, 엄마에게 말했습니다. 아빠를 입원시키는 게 딸인 제 뜻이라고 나서서 말할 정도로, 그때만큼은 새엄마를 보호하고 싶은 마음이 강했었어요. 혹시라도 아빠가 새엄마에게 보복할지도 모른다고 생각했기 때문입니다. 가족들과 떨어져 치료센터에 입원하게 된 아빠도 안쓰러웠지만, 그보다도 오랜 시간 아빠 옆에서 고생해 온 새엄마가 더 가엾게 느껴졌던 것 같아요.

새엄마에 대한 제 감정은 참 복잡합니다. 당시에는 새엄마의 강요로 간호대학교에 다니며 저와 맞지 않는 삶을 살아야 했다는 점도 힘들었어요. 저는 원래 독일어를 공부했었고, 그쪽에 관심이 많았으니 고려대학교 캠퍼스에 들어갔다면 훨씬 더 열정을 가지고 대학 생활을 해낼 수 있었을지도 모릅니다. 어쩌면 새엄마는, 제가 또 몰래 친엄마를 만나고 다닐지도 모른다는 불안감 때문에 저를 억압했던 건지도 모릅니다. 그래서 저를 옆에 꼭꼭 묶어두고 싶었던 걸지도요. 원래부터 새엄마는 아빠와의 관계가 틀어지고, 아빠에 대한 감정이 식을수록 저와 남동생에게 집착적인 태도를 보였어요.

사실 저는 어릴 때부터 새엄마를 사랑했는데요. 새엄마가 아무리 저에게 너의 눈빛이 싫다고 말하고, 저를 질투하고, 저를 못되게 대해도 저는 낳아준 정보다 길러준 정이 더 크다고 생각했어요. 그래서 한창 공부에 집중해야 하는 시기에도 새엄마가 오기 전에 청소를 다 해놓고 집안일을 도와 가며 공부했고요. 돌이켜보면, 저는 새엄마에게 늘 사랑을 주고 마음을 다했어요. 그런데도 새엄마는 "너는 결국 친엄마에게 갈 거잖아"라는 말을 입에 달고 살았습니다. 제 삶을 억압하면서요.

어쩌면 알코올 중독으로 치료센터에 입원까지 한 아빠와의 관계에서 받은 상처보다, 새엄마와의 관계에서 받은 상처가 저에게 더 깊이 남았는지도 모르겠습니다. 물론 새엄마 역시도 저와 남동생에 대한 비뚤어진 사랑으로 힘들었겠지만, 저도 많이 아팠거든요. 새엄마가 그런 식으로 저를 대할 때마다 제 존재 자체를 부정당하는 기분이 들었고요.

이런 과정을 거쳐 아빠는 결국 알코올 중독 치료센터에 들어가게 되었습니다. 센터 쪽과 미리 입소 일정과 절차를 의논해 놓고, 아빠가 술에 취했을 때 전화를 걸어 지금 와달라고 요청했어요. 하지만 알코올 중독자들의 특징 중 하나는, 술을 마시지 않을 때는 정말 착한 사람이라는 거예요. 제 아빠는 특히 더 그런 편이었습니다. 술만 마시지 않으면 천진난만한 표정으로 사람을 바라봤고, 그런 모습을 보면 저도 모르게 마음이 무장해제되곤 했어요. 입원 후, 아빠가 집에 전화를 걸어왔습니다. 술에 취하지 않은, 선하고 다정한 말투로 새엄마에게 사과했습니다. 미안하고, 잘못했다고, 여기서 좀 꺼내 달라고, 엄마에게 부탁했어요. 그러니 새엄마는 또 결심이 흔들려서 아빠를 퇴원시켰고요. 그렇게 집에 돌아오면 아빠는 다시 술을 마셨고, 폭언과 폭력이 반복되었습니다. 다시는 안 그럴게. 다시는 안 때릴게. 이런 약속은 매번 허사가 되었지요.

아빠의 폭언과 폭력도 문제였지만, 아빠를 대하는 새엄마의 태도도 역시 이해하기 어려울 때가 많았어요. 아빠는 술을 마시고 집에 들어와 아무데서나 잠들곤 했고, 새엄마는 그때마다 아빠를 깨워서 싸움을 붙였습니다. 명목은 일어나 방에 들어가서 자라는 거였지만요, 사실 술에 취해 현관문 앞에서 자든, 화장실 앞에서 자든 그냥 내버려두면 싸울 일이 생기지 않았을지도 모릅니다. 그런데 새엄마는 늘 기어이 아빠를 깨웠고 그러면 싸움이 붙었어요. 싸우기 시작하면 몸싸움으로까지 번졌고요. 그러면 이제 남동생도 없는 상황에서 제가 그 싸움에 끼어들어 말려야 했습니다.

더군다나 치료센터에서 퇴원한 뒤로부터 아빠는 저에게도 폭력을 쓰기 시작했어요. 제가 아빠의 센터 입원에 동의했다는 것을 알고 나서는 저에게도 욕을 하고 따귀를 때리기도 했지요. 아빠의 상태는 점점 악화되었고 저와 새엄마는 아빠를 다시 치료센터에 입원시켜야 했어요. 그런 식으로 아빠의 입원과 퇴원이 되풀이되었습니다.

하루는, 새엄마가 아빠를 또 입원시킬 계획을 세우고 있었어요. 그런데 이번에 아빠는 저에게까지 협박을 심하게 해 왔습니다. 그 순간 저는, 정말 아빠에게 죽을지도 모르겠다는 생각이 들었어요. 하지만 새엄마의 결심도 만만치 않게 단단했고 저는 그 두 사람 사이에서 어떻게 해야 좋을지 몰라 우왕좌왕하고 있었습니다. 사실, 그때는 정말 모든 게 두려웠던 것 같아요. 집안에서 벌어지는 모든 일들, 그리고 이 안에서 계속 살아가야 한다는 사실이요. 그래서 결국 새엄마가 잠시 집을 비운 사이 짐을 싸기 시작했어요. 챙길 수 있는 최소한의 것들만 가방에 넣었습니다. 그리고 친엄마에게 전화를 걸었습니다. 사정을 얘기하니까 친엄마가 이쪽으로 오라고 대답하더라고요. 그렇게 집을 나오게 되었어요. 아주 긴 시간이 걸렸습니다.

누가 좀 그만하라고 말해줬으면

그거 아세요? 다단계에서는 가족을 제일 먼저 끌어들이도록 가르친다고 해요. 그래서였을까요. 제 친엄마도 다단계에 들어가자마자 저와 이모를 가장 먼저 다단계로 끌어들였습니다. 함께 살기 시작하고 얼마 지나지 않았을 때였어요. 당시 엄마는 경기도 광주에서 이모와 함께 살고 있었지요. 그런데 하필 그 무렵에 엄마가 다단계에 빠지게 된 거예요. 지금도 그때의 일을 생각하면 기분이 가라앉습니다. 자신이 낳은 딸에게 다단계 일을 시킨 엄마가 조금은 원망스럽기도 하고요.

그곳에서는 가족들을 제일 먼저 끌어들이도록 교육한다는 걸 저도 다단계에 들어가 활동을 시작한 뒤에야 알았어요. 아마 이건 모든 다단계 회사의 공통점일 것입니다.

"돈을 어마어마하게 많이 벌 수 있고 크게 성공할 수 있는 기회가 있습니다. 이렇게 좋은 기회를 우리가 당신에게 주는 겁니다. 이 부와 성공으로 향하는 기회를 다른 사람들과 나눠야 하지 않겠습니까? 사랑하는 가족들에게 제일 먼저 이 가능성을 전파하세요."

엄마도 이런 말을 들었을 것이고, 그렇게 저와 이모를 다단계로 불러들인 것입니다.

제가 속해 있던 다단계 조직은 암웨이와 비슷한 구조였어요. 하지만 취급 품목은 훨씬 광범위했습니다. 화장품, 생활용품, 구두, 하다못해 생수까지 취급하는 조직이었어요. 그렇다 보니 공부할 것도 많았고 일도 더 힘들었습니다. 그래도 처음에는 그나마 괜찮았습니다. 엄마와 이모, 저까지 셋이 같이 차를 타고 오가던 출퇴근 길은 가끔은 즐겁게 느껴지기도 했어요. 무엇보다도 저는 이모와도 잘 맞았어요. 아무래도 핏줄이라 그런 걸까요. 그전까지는 자주 보고 지낸 사이가 아니었지만, 갑작스럽게 함께 살게 된 상황에서도 그렇게 어색하지 않더라고요. 오래 만나온 관계 같았어요. 그래서 셋이서 같이 다단계 일을 하러 다니던 때는 생각보다 즐거운 일들이 많았습니다. 이모와 함께 차 안에서 노래를 부르기도 했고요. 이모가 굉장히 밝고 장난기 많은 분이었어요. 그래서 다단계 일도 처음에는 그럭저럭 견딜 만했습니다.

하지만 제가 인원을 끌어들이지 못하면서 일이 점점 힘들어졌습니다. 다단계는 계속 사람을 끌어들여 조직을 불려야 하는 구조인데 제가 제 몫을 하지 못했던 거예요. 그렇다 보니 관리인들이 매일같이 저에게 싫은 소리를 하게 되었어요. 저도 나름대로 열심히 했습니다. 그 과정에서 친구들과 멀어지게 되기도 했고요. 하지만 그런데도 성과는 내지 못해서 관리인들의 눈치를 봐야 했지요. 불성실하고 무능력하게 보일까 봐 창피했습니다. 특히 저는 새엄마와 함께 사는 내내 눈치를 보며 살아왔던 터라, 사회에 나와 또다시 누군가의 눈치를 봐야 하는 상황을 맞닥뜨린 것이 더욱 힘들었어요.

이런 적도 있었어요. 저는 그날 일이 있어서 지하철을 타고 시내로 나가고 있었습니다. 그때 저는 지하철 좌석 끝자락 기둥을 잡고 출입문 앞에 서 있었어요. 그런데 어떤 남자가 저에게 갑자기 핸드폰을 빌려달라지 뭐예요. 자기 핸드폰은 배터리가 나갔다고 말하면서요. 그 남자는 제 휴대폰을 향해 손을 내밀고 있었습니다. 저는 휴대폰을 빌려주었어요. 그런데 제 휴대폰으로 번호를 누르는가 싶더니, 그 남자의 바지 주머니에서 벨이 울리기 시작했습니다. 제 전화번호를 가져간 거였어요. 남자는 쑥스러운 듯 이렇게 말하더라고요.

"너무 예뻐서요."

그런데 저는 그 남자의 말을 들으면서 다른 생각을 하고 있었습니다.

'이 사람, 다단계에 데려가야겠다!'

저는 단단히 마음먹고 그 남자에게 연락을 했어요. 그 사람이라도 어떻게든 데려갈 수 있으면 좋을 것 같았거든요. 하지만 결국 잘 되지 않았습니다. 비록 다단계 조직의 일이었지만, 그래도 제가 맡은 일은 어떻게든 해내려고 노력했던 것 같아요.

다단계 조직 안에 있으면서 제가 도움을 받은 점도 있습니다. 거기서는 발표를 많이 시킵니다. 아무래도 바깥에서 사람을 계속 끌어들여야 하니, 말을 잘 할 수 있도록 교육하는 것이지요. 저도 그곳에서 여러 가지 발표를 했던 기억이 납니다. 저의 꿈에 대한 발표도 했었고, 제가 이룬 성과에 대한 발표도 했습니다. 사실 그곳에서 제가 낸 성과는 많지 않았어요. 하지만 저의 꿈에 대해서는 저도 잘 준비해서 앞에 나가 이야기했습니다. 그 조직 안에서 파는 식품 중에 다이어트 식품이 있었거든요. 사실 저는 당시에도 마른 체형이긴 했지만, 그 다이어트 상품과 관련을 지어 제 꿈의 지도를 만들었습니다. 큰 도화지에다가 제 꿈과 관련된 이미지들을 붙여서 지도를 만드는 과정이었어요. 꿈을 시각화하기 위해서 이미지를 활용한 것이지요. 그 지도에는 성공했을 때 제가 살고 싶은 집, 제가 입고 싶은 옷, 제가 갖고 싶은 가방과 구두, 제가 닮고 싶은 롤 모델 등의 이미지를 붙이도록 지도받았습니다.

그때 하와이 저택 사진을 붙였던 기억이 나요. 이 일로 성공해서 하와이에 갈 것이고, 이런 대저택에서 살 것이다. 이런 꿈을 발표했습니다. 연예인 사진을 붙이고 이 연예인처럼 예뻐질 것이다, 날씬한 몸매와 아름다운 외모를 가질 것이다, 이런 말도 했던 것 같긴 하지만 그런 내용은 크게 마음에 두지 않았던 것 같아요. 다만 하와이 대저택은 정말 제 이상에 가까웠어요. 어릴 때부터 아빠와 새엄마 사이에서 힘든 일을 많이 겪었고 형편도 넉넉하지 않았기 때문에, 그렇게 보기만 해도 따뜻함이 느껴지는 집을 정말 마음속 깊이 원했습니다. 아마 제가 정말 바라던 건 그곳에서 가족들과 화목하게 지내는 것이었겠지요.

다단계를 그만두게 된 것은, 지금은 전남편이 된 당시의 남자친구 덕분이었습니다. 사실 당시 제가 남자친구를 다단계에 데려갔거든요. 한 번 가서 들어보기라도 하라고요. 남자친구가 동의해서 같이 다단계 수업을 들었습니다. 그런데 다 듣고 나서 남자친구가 아무 말도 안 하더라고요. 당연히, 다단계에 들어오지도 않았고요. 당시 저는 이미 지칠 대로 지친 상태였습니다. 이미 일 년 넘게 다단계 조직에 있으면서 오랫동안 교육을 받고 활동했는데, 성과가 없었으니까요. 이후로도 한동안 남자친구가 아무 말도 하지 않아서 어느 날 제가 먼저 물어봤습니다.

"왜 그만두라고 안 해?"
"이거 못 하게 하면 나랑 헤어진다고 할까 봐."

남자친구는 진지한 표정으로 대답했습니다. 눈빛에 이별에 대한 두려움이 어려 있는 것만 같았습니다. 그의 진심이 저에게도 전해졌어요.

"아니야. 자기가 그만두라고 하면 그만둘게."

그제야 남자친구는 그만두면 좋겠다고 말했습니다. 저도 미련 없이 다단계를 나왔고요. 사실 그전에도 누군가가 그만 좀 하라고 말해주면 좋겠다고 생각하고 있었거든요. 그곳에 속해 있는 동안 어떻게든 열심히 해보려 하기도 했지만, 사실 마음 깊은 곳에서는 이곳이 내 자리가 아니라는 걸 알고 있었습니다. 그저, 누가 좀 그 말을 해주길 바란 것이죠. 제 친엄마가 저를 다단계에 끌어들였듯, 저를 사랑하는 누군가가 저를 그곳에서 끌고 나가주기를 내심 바랐던 것 같습니다.

내가 온실 속 화초였구나

제가 운전면허를 따겠다고 나섰을 때 새엄마는 반대했습니다. 명확한 이유가 있던 것도 아니에요. 새엄마에게는 제가 운전을 시작하는 게 그냥 안 되는, 무조건 안 되는 일이었던 것 같습니다. 반면, 남동생이 운전면허를 따겠다고 했을 때는 배우도록 허락했습니다. 그런 일을 겪으면서 저는 제가 벌을 받고 있다는 느낌마저 들었습니다. 사실 운전면허는 사람이 자유로워지는 가장 좋은 수단이잖아요. 그런데 그걸 이유도 없이 막는 모습을 보면서, 어쩌면 친엄마를 몰래 만났던 일을 잊지 못하고 아직도 벌을 주고 있는 건 아닐까 하는 생각이 들었어요. 제 발을 묶어서 새엄마 자신 옆에 두려는 시도처럼 느껴지기도 했습니다. 실제로 아빠는 제가 간호대학교에 들어갔을 때, 저를 호주로 보내 그곳에서 간호사 생활을 하게 하려고 했어요. 근데 새엄마는 절대 안 된다고 단호하게 반대했습니다. 어떻게든 저를 곁에 두고 싶어하는 마음이 느껴졌어요. 왜곡된 사랑 방식이었지요.

새엄마의 왜곡된 사랑, 그리고 그와 결부된 잘못된 교육 방식은 여기에서 끝나지 않았습니다. 저는 스물다섯 살이 되어 집을 나올 때까지도 어린아이 같은 면이 있었어요. 예를 들어, 그 나이가 되도록 저는 스스로 옷 한 벌 사본 적이 없었습니다. 대학교에 들어가서 병원 현장 실습을 나가면서도 늘 새엄마가 사다준 옷을 입고 다녔어요. 어릴 때부터 그게 당연한 환경에서 자랐기 때문에 그게 이상하다는 것도 모르고 있었습니다. 대학생 때 저는 아르바이트도 한 번 해본 적이 없었어요. 친구들은 다 아르바이트를 하면서 돈도 벌고 사람들도 사귀어 가면서 사회생활을 경험할 수 있었는데 저에게는 그럴 기회가 없었지요. 한 번은 친구들의 경험담을 듣고, 아르바이트를 하고 싶다고 새엄마에게 말한 적이 있었습니다. 그러자 새엄마는 그 시간에 공부를 더 열심히 해서 장학금을 받으라고 말했어요. 좋은 핑계였지요. 제 생각에는 그 말 역시 제가 외국어고등학교에 다니던 시절 밖에서 몰래 친엄마를 만났기 때문인 것 같았어요. 제가 고등학교 내내 새엄마 손아귀에서 놓여나 있었으니, 대학생이 된 저를 이제라도 당신 손아귀에 가두려는 계획인 것만 같았습니다.

혹시 저만 그렇게 느꼈다면, 제가 예민한 것이겠지요. 하지만 제 남동생도 저와 같은 생각이었습니다. 남동생도 한국을 떠나기 직전까지 새엄마의 구속과 간섭 때문에 많이 힘들어했거든요. 남동생에게는 그래도 저보다 간섭이 덜하긴 했지만, 아무래도 남자아이라 더 힘들어하는 것 같았어요. 견디다 못해 동생이 술을 마시고 새엄마에게 가서 따진 적도 있었어요.

"저를 좀 놔주세요. 이제 그만 놔주세요. 한두 살 먹은 어린애도 아니고."

하지만 새엄마는 그 후로도 저와 남동생을 어린아이 다루듯 대했습니다. 쉽게 변할 수 있는 게 아니었지요. 새엄마는 변할 사람도 아니었고요. 다만 그 과정에서 저는 온실 속의 화초, 혹은 우물 안의 개구리, 아무것도 할 줄 모르는 어린아이처럼 자라버렸습니다. 그게 저를 힘들게 만들었습니다.

아빠를 알코올 치료센터에 입원시키는 문제로 새엄마와 갈등을 벌이다 집을 나온 뒤, 친엄마와 함께 살면서 그런 사실을 서서히 깨닫기 시작했습니다. 저에게 어떤 바보 같은 면이 있는지를요. 경기도 광주 시골에서 엄마와 같이 살게 되었을 땐 이런 적도 있었습니다. 다단계를 그만둔 뒤 처음으로 제대로 된 직장을 갖게 되었을 때의 일이에요. 당시 저는 강남에 있는 안과에서 간호사로 근무하고 있었습니다. 엄마도 일을 하고 있었고요. 그 시절 광주에는 버스가 별로 없었어요. 그래서 제가 저녁 일곱 시에 퇴근하면 먼저 광주에 도착해서, 퇴근이 더 늦은 엄마를 기다렸다가 함께 차를 타고 집으로 가야 했어요. 엄마의 차는 공영주차장에 주차되어 있었는데, 밤이 되면 주차장에는 불빛이라곤 없어서 굉장히 무서웠어요. 너무 무서운 나머지, 거기서 엄마를 기다릴 때마다 차 밑에 숨어 있었던 기억이 나요. 밤 아홉 시가 넘어 엄마가 도착하면 그제야 함께 차를 타고 집으로 돌아갔습니다. 만약 제가 운전을 배웠더라면, 상황은 달라졌겠죠. 미리 집에 가 있다가 엄마를 데리러 나갈 수도 있고요. 하지만 새엄마가 운전을 배우지 못하게 한 탓에 저는 운전을 할 줄 몰랐고, 세상 밖에 나온 경험이 거의 없어서 그 상황이 무섭기만 했습니다.

강남역에 있는 안과에서 첫 직장생활을 하면서 많은 것을 깨우치게 되었습니다. 우선 그때 저는 제 또래의 직원들과 즐겨 입는 옷의 브랜드조차 달랐어요. 저는 새엄마가 사준 옷만 입고 다녔는데 그게 다 크로커다일 레이디 같은 중년 여성을 위한 브랜드였던 거예요. 처음에는 뭐가 다른지도 모르는 채로 출퇴근을 했습니다. 그런데 직장 동료들로부터 놀림을 받게 되면서 제가 또래 여성들이 즐겨 입는 브랜드와는 다른 옷을 입고 다녔다는 걸 알게 되었어요. 그 외에도 사회생활을 하는데 집에서 배운 게 전혀 없어서 그런 티를 자꾸 내게 됐고요.

외국어고등학교에 다니던 시절부터 시작된 우울증도 한몫했습니다. 동료들에게 옷차림으로 놀림을 당하고 싫은 소리를 들어도 화를 내거나 저항하지 못했어요. 사실 옷을 좀 또래와 다르게 입을 수도 있잖아요. 그렇다고 세련되게 꾸며야지, 하고 마음을 먹고 바로 스타일을 바꾸지도 못했고요. 그 시기의 저는 일이나 삶에 대한 의지가 강하지 않아서, 그저 외부 자극에 수동적으로 반응하며 멍하게 지냈던 것 같아요.

그런 시간을 보내고 나니 제가 아이를 키울 때는 확실히 다른 교육관을 가지게 되었습니다. 우선 저는 아이가 자유롭게 지낼 수 있도록 신경을 많이 쓰는 편입니다. 학원이나 과외 등을 통한 과도한 학습이 아이에게 큰 부담이 될 수 있다는 것을 제 경험으로 알고 있기도 하고요. 학생 시절 저는 종종 수업이 진행되는 학원에, 과외를 받는 방 안에 갇혀 있다는 느낌을 느끼곤 했거든요. 저 자신을 자유롭게 펼쳐놓을 수 있는 시간은 없었습니다. 하지만 아이들은 그처럼 자기 자신을 펼칠 수 있는 시간에 꿈을 키운다고 생각해요. 자신이 누구인지를 알아가고, 자기가 하고 싶은 일을 찾고, 세상이 어떻게 돌아가는지 관찰하고, 그 안에서 자신이 어떻게 살아야 하는지를 고민할 시간이 아이들에게 필요합니다. 학업과 선행학습만으로 아이들의 시간을 꽉 채우거나 과도한 보호로 아이들을 늘 보호자의 품 안에만 두려고 한다면 아이들이 자신의 날개를 어떻게 펼칠 수 있겠어요. 저는 제 아이가 자신의 적성과 사명을 찾을 수 있도록, 꿈을 꿀 수 있도록 힘닿는 데까지 도와주고 싶습니다. 비록 저는 어린 시절부터 성인이 된 이후까지, 수많은 억압과 불안, 통제 속에서 자랐지만 말입니다.

일어서기

제가 처음으로 제대로 자리를 잡은 직장은 강남역에 있는 안과였습니다. 라식과 라섹 수술을 전문으로 하는 곳이었어요. 강남역 한복판에 위치한, 의원급의 작은 병원이었지요. 주사와 피가 무서워서 도망치듯 들어간 안과였지만, 그곳에서의 업무도 처음에는 만만치 않았습니다. 게다가 저는 새엄마의 통제로 옷 한 벌도 스스로 사서 입은 적이 없는 상태였기 때문에, 다른 사람들과 어울려 사회생활을 하는 게 더욱 힘난하게 느껴졌어요. 앞서 언급했듯 옷차림부터 또래 직원들과 달랐으니 동료 직원들이 저를 대하는 태도도 차갑기만 했습니다.

그런 작은 규모의 병원에서는 간호사가 모든 업무를 다 할 줄 알아야 합니다. 환자가 내원하면 접수대에서 환자 인적사항을 받아 진료를 접수하고, 환자가 진료실에 들어가서 의사에게 진찰을 받을 때는 따라 들어가 진료 보조도 해야 합니다. 또 라식이나 라섹 수술을 받은 환자가 잘 회복될 수 있도록, 회복실에 가서 환자 케어도 해야 하지요. 필요하면 의사와 함께 수술실에 들어가 어시스트도 해야 하고요. 처음 들어간 병원에서 정말 멀티플레이어로 일했던 기억이 나요. 애초에 저는 아르바이트도 한번 해본 적 없는 사람이고, 말 그대로 온실 속에서 자라온 터라 이 모든 게 어렵고 낯설기만 했습니다. 특히 한꺼번에 모든 업무를 다 배우고 숙지해야 한다는 점이 정말 어려웠어요. 스스로도 제대로 챙기지 못하던 제가 덜컥 사회생활을 시작해 아픈 환자들을 돌보고 관리해야 했으니 오죽했을까요. 자기 밥도 제대로 못 챙겨 먹는 사람이 식당 주인이 되어 음식을 만들고 손님들을 대접해야 하는 상황이었던 거죠. 그보다도 벅찬 상황이었습니다.

특히 당시에는 사람들과 어울리는 것도 많이 힘들었던 것 같아요. 제가 또래들과 다른 면도 분명히 있었고, 아무래도 다른 사회 경험도 거의 없는 상태였던 탓에 직원들과 잘 어울리지 못하고 자주 겉돌았습니다. 그런데 또 일을 굉장히 성실하게 했기 때문에 그런 태도 때문에 원장님이 저를 특별히 예뻐했어요. 회식 때에도 저를 자기 옆에 앉히려고 하고, 자꾸 술을 먹이는 식으로 행동하니까 다른 직원들도 원장님의 편애를 금방 눈치채더라고요. 결국 동료 직원들의 시기와 질투를 사게 되었습니다. 왕따 당하는 상황은 점점 더 심해졌고요. 원장님을 제외한 다른 직원들이 다 저를 싫어해서, 심지어는 모든 직원들이 원장님에게 저를 내보내라고 요구한 적도 있었습니다.

그런 상황에서 저는 저대로 처음 하는 직장생활은 고되고, 우울증은 또 우울증대로 재발해서 힘들게 출퇴근을 하고 있었어요. 아무래도 첫 직장이다 보니 그때까지만 해도 아직 일머리가 없어서 몸도 더 힘들었던 것 같아요. 그래서 누가 조금만 싫은 소리를 하거나 핀잔을 줘도 금세 우울해졌습니다.

한번은 병원 실장님의 지인이 저희 안과에 놀러 왔는데, 그중 한 명이 저를 좋게 보고 소개해 달라는 얘기를 했대요. 자기 지인이 다리를 좀 놔달라고 부탁했다는 얘기를 나중에 실장님에게서 전해 들었습니다. 그런데 그 지인이 저를 설명할 때, 이런 표현을 썼다는 거예요.

"그 피곤에 쩔어서 서 있던 사람."

그 정도로 제가 피곤해 보였던 것이죠. 저를 처음 보는 사람에게도 그렇게 기억됐을 만큼요. 지금 생각해 봐도 그 시기를 어떻게 버텼는지 모르겠어요.

물론 처음 하는 사회생활이니만큼 새로운 경험도 많이 했습니다. 그때 제가 다닌 병원은 유독 워크숍을 자주 다녔거든요. 겨울에는 다 같이 차를 타고 스키장에 가기도 했고, 호텔에서 회식을 한 적도 있어요. 저는 그 병원에서 근무하며 보드도 처음 타 봤고, 호텔 뷔

페도 처음 이용해 봤습니다. 모든 게 처음이라 낯설었지만 좋은 경험이었어요.

하지만 일 년 뒤에는 병원을 그만둘까 고민하게 되었습니다. 아무래도 제가 간호사 중 가장 막내였는데, 업무에 점점 익숙해지고 일을 잘하게 되니까 위의 간호사 세 명이 저에게 일을 다 떠넘기기 시작하더라고요. 나중에는 본인들 일도 저에게 맡기고 일을 하나도 안 하는 지경에 이르렀습니다. 처음에는 조금 더 견뎌보려고 했는데, 저 혼자서 병원의 간호사 업무를 다 하기에는 역부족이었어요. 그래서 원장님을 찾아가 힘들어서 못 하겠다고 말했습니다. 그 말을 듣자, 원장님은 놀라면서 왜 그러냐고 묻더라고요. 저는 원장님에게 최근 다른 간호사들이 어떻게 일하고 있는지, 그 상황을 다 말했습니다. 그 자리에서 원장님은 다른 직원을 한 명 더 뽑아주겠다고 약속했지요.

새로운 직원이 뽑혔길래 누구인지 확인해 봤는데 간호사가 아니라 코디네이터를 뽑았더라고요. 간호사 자격증이 있는 사람만 정식 간호사로 병원 내의 다양한 업무를 할 수 있거든요. 코디네이터도 학원에 다니며 공부한 뒤 정식 자격증을 발급받습니다. 다만, 그 업무 범위가 전화 어떻게 받고, 환자 응대를 어떻게 하고, 병원 서류는 어떻게 정리해야 하는지 정도로 제한적입니다. 그러니까 코디네이터는 간호사 업무 중 접수 업무 정도만 도와줄 수 있는 거예요. 그러면 그 외 진료실, 수술실, 회복실 업무는 여전히 제 담당으로 남아 있게 되는 것이죠. 저는 결국 퇴사를 결정했습니다.

그래도 그 병원에서 일하며 많은 걸 배웠습니다. 집 안에만 갇혀 있다가 밖에 나와서 일을 하려니 처음에는 많이 버벅거렸지요. 하지만 매사에 성실하게 일했던 덕분인지, 병원을 그만둘 무렵에는 제가 퇴사한다고 말하니 동료들이 다 붙잡을 정도로 성장해 있었어요. 제가 좋아하는 스타일로 저 자신을 꾸밀 줄도 알게 되었고요. 조금 더 주체적으로 저 자신을 돌보며 살아가게 된 것이지요. 무엇보다도 처음으로 신용카드를 발급받게 되었습니다. 제 이름으로 된 카드를요. 이제 제가 일해서 돈을 벌 수 있고, 그렇게 스스로 번 돈으로 생활을 꾸릴 수 있다는 자신감이 생겼습니다. 저 자신을 책임질 수 있는 사람이 되었다는 감각이 그때 생긴 것 같아요. 남들보다 조금 늦게 시작하긴 했지만, 그 일 년 사이에 많이 배우며 성장해 완전히 딴사람이 된 기분이 들었습니다. 그렇게 저는 온실 밖으로 나오게 되었습니다.

책임감과 포용력

안과를 그만둔 뒤 한동안 바리스타로 일했습니다. 제가 커피를 굉장히 좋아한다는 것도 한 가지 이유였지만, 병원 생활에 지친 탓이 컸습니다. 접수대부터 수술실까지 종일 바쁘게 일하며 너무 많은 일을 해야 했어요. 거기다 병원에서 흔히 벌어지는 간호사들끼리의 은근한 경쟁과 그 안에서 형성된 그 작은 사회의 분위기가 못 견디게 싫었습니다.

다른 일을 해보자고 결심한 뒤 커피전문점 구인 공고를 검색하기 시작했어요. 커피빈과 스타벅스, 파스쿠치. 유명한 커피전문점들의 구인 공고를 찾아서 지원했고 면접을 봤습니다. 파스쿠치에서 가장 먼저 연락이 와 출근을 결정했지요. 강남 일대를 벗어나지는 못했고요. 삼성역에 있는 파스쿠치 매장에서 근무하게 되었습니다.

그런데 일이 예상했던 것보다 훨씬 고됐어요. 저는 커피를 좋아해서 바리스타로 일하려 한 것이었는데, 막상 출근해 보니 커피뿐만 아니라 샌드위치까지 만들어야 하더라고요. 메뉴가 정말 많았고 그만큼 많은 레시피를 빠르게 숙지해야 하는 상황이었습니다. 게다가 제가 원래 손이 느린 편이에요. 그런데 점심이나 저녁 시간 직후면 손님이 몰렸고, 주문한 음료와 디저트 메뉴를 그만큼 빨리 만들어야 하니까 맨날 싫은 소리를 들었어요. 특히 주말에는 종일 손님이 많았기 때문에 더 바빴지요.

메뉴를 서둘러 만들려고 하다 보니 뜨거운 물이나 커피에 손이 데기 일쑤였고요. 그것뿐이었으면 괜찮았을 텐데, 손님들이 먹고 나간 자리에 쌓인 컵과 접시를 또 설거지해야 했어요. 설거지를 너무 많이 해서 나중에는 손의 피부가 갈라지고 찢어지기까지 하더군요. 많이 힘들었습니다.

결국 퇴사를 생각하게 되었습니다. 그런데 그 무렵 타이밍이 정말 좋았어요. 커피전문점에서 일 년쯤 일한 뒤 퇴사를 고민하고 있을 즈음, 직전에 일했던 안과 원장님 중 한 분이 본인 병원을 따로 차렸다고 연락을 준 거예요. 제가 일했던 안과는 원래 원장님이 세 분이었는데, 제가 그만두고 바리스타로 일하는 동안 세 분 사이에 의견 충돌이 있어 다 따로 병원을 운영하게 되었다고 들었어요. 집 나와서 집을 그리워하는 사람처럼, 마침 저도 병원 밖으로 나와 다른 세상을 경험해 보니 일이 너무 험했던 거죠. 손이 부르트고, 터지고, 피도 나고. 병원에서는 그런 일은 없었으니까요.

결과적으로 저는 병원과의 인연을 이어가게 되었습니다. 그 원장님이 새로 연 병원에서 저는 수술실 팀장으로 일하기 시작했습니다. 급여도 높게 책정되었지요. 여러 가지로 저에게 잘된 일이었습니다. 새로 들어간 병원에서 일하고 있는데, 하루는 이전 병원의 또 다른 원장님이 왔다가 제가 거기서 일하는 걸 보고 "내 병원으로 왔어야지, 왜 여기서 일하냐"고 아쉬워 하시기도 했어요. 역시 저는 병원과의 끈을 놓지 못할 사람이었나 봅니다.

하지만 새로 들어간 병원에서도 동료들과의 관계에서 어려움은 있었어요. 당시 저는 수술실 팀장이었고, 병원에는 별도로 실장이 있었습니다. 그런데 그 실장이 제가 팀장이라는 데 불만이 많았어요. 직책을 정하는 것은 원장님의 고유 권한이고, 원장님이 정한 직책은 그대로 따르는 게 당연한데도 그 부분에 대해 불평을 하고 다니더라고요. 그런데 그 사람은 저에게만 못되게 군 게 아니었습니다. 차라리 저에게만 그렇게 대한 것이었다면 그나마 다행이었을 텐데, 뒤에서 동료를 헐뜯는다거나 우리 사이의 일을 원장님에게 고자질하는 등 여러 가지로 동료들에게 피해를 주었습니다. 결국 그 실장은 직원들의 반발을 사서 병원에서 해고되었습니다. 원장님을 제외한 모든 직원이 그 실장의 퇴사를 요구하는 상황에까지 이르렀으니까요.

1부 버려진 마음을 끌고

반대로 그때 제가 상사로서 후배 직원의 마음을 잘 헤아리지 못한 것 같아 후회가 되는 기억도 있습니다. 저와 함께 일하는 직원 중 간호조무사가 있었어요. 물론 저는 간호사든 간호조무사든 따지지 않고 모든 동료를 똑같이 대했습니다. 그렇기에 아랫사람을 대할 때 조금 더 세심해야 한다는 것을, 그때는 미처 몰랐던 것 같아요.

하루는 그 직원이 출근해서 유니폼으로 갈아입고 수술실을 정리하고 있었습니다. 수술실은 보통 병원 가장 안쪽에 있어요. 그런데 제가 출근해서 보니까 데스크에 수술실에서 쓰는 용품이 와 있더라고요. 저는 그 용품을 박스째로 들어서 수술실로 가져갔습니다. 굉장히 무거웠어요. 그때 직원이 수술실을 정리하고 있는 걸 발견했고, 처음에는 직원이 박스가 도착한 사실을 알면서도 옮기지 않은 줄 알고 짧게 한마디 했습니다. 하지만 나중에야, 그 직원이 어쩌면 수술용품이 도착한 걸 몰랐을 수도 있겠다는 생각이 들더라고요. 저는 당시 시간이 오전이었던 만큼 그 직원도 출근해서 당연히 택배를 확인했을 줄 안 것이죠.

그런데 문제는 제가 이전까지는 그 직원에게 늘 칭찬만 해왔다는 것입니다. 뭘 실수하거나 해도, 저는 열심히 일하는 과정에서 일어난 실수이니 그럴 수 있다고, 실수를 통해서 배우면 되고 앞으로 같은 실수를 반복하지 않기만 하면 괜찮다고, 늘 격려하고 칭찬해 왔습니다. 인상 한 번 쓴 적이 없었어요. 그러다가 딱 한 번 싫은 소리를 하고 인상을 쓴 것이었지요. 아마 그래서 그 직원이 더 마음이 상했던 것 같습니다. 그날 내내 저와 말을 하지 않았고, 한동안 인사도 제대로 하지 않고 서먹하게 굴더니 결국 회사를 그만뒀어요.

그때의 일은 지금도 좀 후회됩니다. 그전까지는 내내 잘한다고, 잘하고 있다고 늘 칭찬만 하다가 갑자기 조그만 일로 화를 내서 그 직원이 상처를 더 크게 받은 것 같았어요. 저도 처음에는 그 직원의 태도가 잘 이해되지 않았는데, 이 일에 대해서 남동생과 이야기를 나누다 보니 그 직원을 조금 더 이해할 수 있었어요. 남동생이 군대에 있을 때, 한 후임 병사가 남동생을 잘 따랐다고 해요. 남동생이 그 후임 병사를 특별히 신경 써서 챙겨주기도 했고요. 그런데 뭔가 실수를 해서 남동생이 훈계를 하니 후임 병사가 울음을 터트리더라고 전해 들었어요. 그 후임은 그만둘 수 없었으니 울고 말았겠지만, 제 후배 직원은 그만둬 버린 것이죠.

그 일을 통해 저는 아랫사람을 두고 함께 일하게 되었을 때는 윗사람으로서 설 준비를 해야 한다는 것을 배웠습니다. 후배 직원의 퇴사 과정을 지켜보면서 제가 많이 부족했다는 생각을 하게 되었어요. 많이 미안했고요. 그 후로 저는 다시 서점에 가서 사회생활 잘하는 법과 아랫사람 대하는 법에 대한 책을 사서 읽어가며 공부하기 시작했습니다. 윗사람을 대하는 것이야 깍듯하게 하면 되지만, 아랫사람은 또 좀 경우가 다른 것 같아요. 준비를 미리 하지 않으면 함께 일하는 과정에서 마음이 다치고 사람이 상처받을 수 있다는 것을 저도 뒤늦게 배웠습니다. 그 뒤로는 아랫사람이 생겼을 때는 더 세심하게 신경 쓰려고 노력하게 되었습니다. 어차피 모두 같이 일하는 동료들이니 그 사이에서 꼭 갑을 관계나 강자와 약자를 나눠야 하는 건 아니지만, 조직 내에서 후배 직원은 상대적으로 약자의 입장에 놓이게 되는 경우가 많으니까요. 그런 부분에서 미리 준비하는 게 윗사람으로서의 책임감과 포용력을 보여주는 자세라고 생각합니다.

간호사가 되려는 사람에게

겉에서 보기에는 간호사가 숭고한 직업처럼 여겨집니다. 간호사라는 직업을 귀하게 여기는 사람도 많고요. 간호사라는 말에는 아픈 사람들을 위해 봉사하고 헌신하는 이미지가 자동으로 따라붙는 것 같습니다. 실제로 제가 병원 현장에서 일할 때도 그런 이미지에 걸맞은 보람을 느낄 수 있는 순간들이 분명히 있었습니다. 하지만 저에게 간호사라는 직업은 힘든 부분이 더 많았어요. 한마디로 요약하자면 저에게 간호사란 '환자들을 챙기다가 정작 본인이 아프게 되는 직업'입니다. 아주 개인적인 생각이고, 다른 간호사들은 또 다르게 생각하겠지만요.

병원 규모에 따라 다르겠지만, 간호사는 기본적으로 업무량이 많습니다. 앞서 한 번 언급했지만, 특히 작은 규모의 병원이라면 접수대, 진료실, 수술실, 회복실 등 병원 곳곳에 간호사의 손길이 미치지 않는 곳이 없습니다. 규모가 작으니 인원도 적을 수밖에 없고, 인력이 부족한 만큼 한 사람이 모든 일을 처리해야 하거나 최소한 처리할 줄은 알아야 합니다. 그 과정에서 업무 분담이 제대로 되지 않으면 간호사 한 사람의 피로도가 가중될 수밖에 없지요.

적성도 반드시 고려해야 하는 부분이에요. 간호대학교에 지원하려고 하는 분, 간호사를 꿈꾸는 분은 꼭 자신의 적성을 먼저 고려하면 좋을 것 같아요. 그런데 한국에서의 상황을 보면 간호사뿐만 아니라 의사도 부모의 권유나 강요에 의해 하게 되는 경우가 종종 있는 것 같습니다. 물론 본인의 의지로 선택하는 경우도 많이 있지요. 하지만 그런 경우에도 적성보다는, 직업적 이미지나 사회적 지위, 경제적 이익을 고려해 결정하는 경우를 많이 봤습니다.

간호사는 의사보다야 훨씬 덜하지만, 직업에 대한 특정한 이미지, 긍정적인 방향의 이미지가 사회적으로 형성되어 있다는 점은 동일한 것 같습니다. 특히 간호대학교를 졸업하고 간호사 국가자격증을 취득하면 그 자체로 평생에 걸쳐 쓸 수 있는 보험처럼 여겨지기도 해요. 저의 새엄마가 그런 이유로 저에게 간호대학에 가도록 강요했던 거고요.

그런데 저는 막상 간호대학교를 졸업한 뒤 실제로 의료 현장을 경험해 본 다음, 간호사가 적성에 맞지 않는다는 걸 뒤늦게 깨닫는 사람을 많이 봤습니다. 적성이 너무 맞지 않는다며, 공인중개사로 전향한 사람을 본 적도 있어요. 심지어 간호대학교 강의실에서 한 교수님은 이 직업을 힘들어하는 학생들에게 도저히 못하겠다거나 너무 안 맞는다 싶으면 참지 말고 다른 쪽으로 빠지라고 한 적도 있습니다. 그 교수님은 억지로 하지 말라고 했어요. 이 일은 억지로 할 수 있는 일이 못 된다고요. 다른 쪽으로 빠질 거라면 빨리 빠지는 게 낫다는 말도 덧붙였습니다. 시간을 낭비하지 말고 빨리 자신에게 맞는 다른 일을 찾으라는 뜻이었지요.

저는 그 말이 옳다고 생각해요. 제 경우에도 간호사가 정말 적성에 안 맞았거든요. 어떻게 어떻게든 이 직업을 계속해나가고 있긴 하지만 만약 시간을 되돌린다면 다른 결정을 할 것 같아요. 우선 저에게 가장 힘든 것은 피를 보는 일입니다. 아마 저뿐만 아니라 다른 사람들에게도 피를 보는 건 어려운 일일 거예요. 그런데 제 경우에는 그게 정말 심해서 수술 장면을 지켜보다가 쓰러질 정도라는 게 문제였습니다. 그런 점에서는 산부인과가 가장 힘들 것 같습니다. 다른 과에서는 석션이라도 있어서 조금 덜한데, 산부인과는 석션을 쓸 수가 없기 때문에 정말 많은 피를 봐야 해요. 그런 상황에서 다른 방법이 있는 것도 아니니, 그저 묵묵히 혼자 견디며 의료 현장을 지키는 수밖에 없습니다.

저는 주사도 힘들었습니다. 그런데 주사에 관해서는 제 개인적인 성향이 더 많이 반영될 수밖에 없는 것 같아요. 저는 저 자신에게 주사를 놓는 것은 두렵지 않은데 다른 사람에게 주사를 놓는 게 어려운 거라서요. 아마 제 어린 시절의 경험이 많이 반영된 것 같습니다. 어릴 때 가정에서 겪은 여러 사건들로, 저는 외부에서 가해지는 충격이나 상처를 수동적으로 받아들이는 데에 익숙해졌어요. 그만큼 외부에서 가해지는 자극이 얼마나 아픈 것인지를 아니까, 저는 다른 사람을 찌르고 싶지 않게 되었습니다. 그래서 도저히 다른 사람을 찌르지 못하게 되었어요. 그게 아무리 의료적인 목적으로 필요한 행위일지라도요.

또 한 가지. 간호사들 사이의 태움 문제가 불거지면서 이제는 많이 알려져 있긴 하지만, 병원이 상당히 폐쇄적인 조직이라는 점도 꼭 전해드리고 싶습니다. 태움은 제가 간호대학교에 다닐 때도 많이 문제가 되었습니다. 뉴스에서는 스스로 생을 마감하는 경우 정도는 되어야 보도가 되지만, 실상 병원에서 태움은 일상이나 마찬가지예요. 저는 태움 문제를 병원에 실습 나갈 때부터 접했습니다. 저는 실습생이었으니 엄밀히 말하면 외부인이었는데도, 제 눈앞에서 그런 부당한 상황이 벌어졌어요. 정말 노골적으로, 간호사 한 명을 여러 명의 다른 간호사가 둘러싸 공격하기도 했지요. 사람을 모독하는 수준의 언행이 제 눈앞에서 벌어지는 것을 목격했습니다. 간호사가 되면 그런 일들을 일상적으로 이겨내야 합니다.

꼭 태움까지 언급하지 않더라도, 병원 조직이 비교적 폐쇄적이기 때문에 내부에서 벌어지는 일들을 외부에서 자세히 알기는 어렵지요. 큰 병원이 아닌 작은 병원에서도 간호사들끼리의 권력 다툼과 따돌림이 은근하게 이뤄지는 경우도 많이 있습니다. 이런 일들 또한 이겨내야 합니다.

또 다른 예입니다. 이번 경우에는 의사의 문제를 언급하고 싶어요. 간혹 병원에서는 의사가 잘못한 일을 간호사가 뒤집어쓰는 상황도 발생합니다. 보통은 의사가 처방을 잘못 내린 것을 간호사가 한 것처럼 뒤집어쓰는 경우가 많아요. 원래는 주입해야 하는 약물이 3cc인데 의사가 처방을 잘못 내려서 용량을 초과한 5cc를 주입하게 된 경우, 환자가 경련을 일으킬 가능성도 있습니다. 자칫 위험한 상황으로 이어질 수도 있는 것이지요. 그런데도 의사는 자신은 분명히 3cc를 처방했다고 주장할 수 있습니다. 자신이 한 잘못을 간호사가 잘못한 것으로 책임을 떠넘기는 거죠. 정말 최악의 경우지만, 이런 일도 꽤 자주 생깁니다.

무엇보다도 간호사 업무는 몸과 정신이 건강한 사람만 할 수 있는 일인 것 같아요. 응급실에서 근무하게 되는 경우, 경련하는 환자의 손을 붙잡고 움직이지 않도록 제지해가며 혈관을 찾아야 하는 일이 생길 수 있습니다. 그런 때 환자가 저항하며 휘두른 손에 긁히거나 맞는 일도 왕왕 있고요. 그러니까 간호사는 일단 체력이 좋고 정신력이 강해야 합니다. 특히 정신력이 정말 강해야 해요. 몸과 정신이 건강한 사람만이 다른 아픈 사람의 건강 회복에 도움을 줄 수 있습니다. 그런데 저는 그게 아니었어요. 그래서 간호사라는 직업이 저와는 더 안 맞았던 것 같아요.

물론 간호사라는 직업에는 좋은 면들도 많이 있습니다. 아마도 긍정적인 면이 더 많을 거예요. 하지만 혹시라도 간호사의 길을 선택했다가 예상하지 못한 힘든 상황을 만나는 사람이 없길 바라면서, 제가 겪은 여러 가지 어려움을 남겨 둡니다.

살아야겠다는 생각

스물여덟 살 때의 일입니다. 저에게 뇌하수체 종양이 생겼어요. 뇌하수체는 코 뒤쪽 바로 윗부분, 그러니까 뇌의 중앙부 즈음에 위치한 내분비샘이에요. 지름은 약 1cm이고, 무게는 0.5g 정도 되죠. 이 작고 가벼운 내분비샘은 호르몬들을 분비하고 조절하는 기능을 담당합니다. 특히 다른 호르몬들의 분비를 조절하는 호르몬들까지도 분비하기 때문에 아주 중요한 기관이에요.

뇌하수체 종양은 이 뇌하수체에서 발생하는 모든 양성종양을 말합니다. 뇌하수체 주변에는 시신경, 시교차, 내경동맥, 해면정맥동, 측두엽 등이 위치해 있어요. 그래서 종양이 발생하면 이 부위와 관련된 여러 가지 증상이 나타날 수 있습니다. 뇌하수체 종양은 주로 성인에게 발생하고, 특히 여성에게서 더 자주 일어나는 종양인 것으로 알려져 있습니다. 특히 성인 여성에게 뇌하수체 종양이 생기면 모유 수유를 하지 않아도 젖이 나오는 유루증이나 성선 기능 저하증이 나타날 수 있어요. 가임 여성의 경우라면 초경이 늦어질 수 있고, 심하면 불임이 될 수도 있습니다.

저는 병원에서 간호사로 한창 일하고 있을 때 뇌하수체 종양이 생겼습니다. 의료 현장에서 가장 열심히 활동하던 때에 병에 걸린 것이지요. 병원에 출근해서 종일 일을 하고 퇴근했다가, 또 다음 날 다시 병원으로 출근하는 일상을 이어가고 있었는데도 저는 제게 종양이 생긴 걸 모르고 있었어요.

처음에는 생리를 불규칙하게 하는 것이 이상하다고만 생각했습니다. 원래는 날짜에 맞춰서 했거든요. 그런데 어느 순간 주기가 들쑥날쑥해지기 시작하더라고요. 그래서 산부인과에 가서 초음파와 그 외 기초 검사들을 진행했습니다. 그런데 그때는 뇌하수체 종양이 사십 대 이후에만 나타나는 병이라고만 여겨져 병원에서 해당 검사를 하지 않았어요. 뇌하수체 종양인 걸 그때 바로 확인했다면 좋았을 텐데, 놓치고 말았지요.

자궁 쪽으로만 검사를 하다가 나중에야 혈액 검사를 해보자는 말이 나와 채혈을 했습니다. 그런데 호르몬이 엉망진창이었던 거예요.

"큰 병원 가야 됩니다. 여기서는 안 돼요."

담당 의사가 말했습니다. 그 말을 듣고 저는 바로 강남 세브란스 병원으로 갔어요. 차를 타고 이동하는 동안 많은 생각이 제 머릿속을 스쳤습니다. 그렇게 병원에 도착하자마자 뇌 CT를 찍었어요. MRI도 찍었고요. 그런데 이미 뇌하수체 종양이 터진 상태였습니다. 원래 종양이 있었고, 제가 종양이 있다는 걸 확인했을 땐 이미 제 머릿속에서 종양이 터져버린 뒤였지요. 바로 응급 수술에 들어갔어요. 그때 의사가 말해주더라고요.

"뇌하수체는 눈이랑 귀에 연결돼 있어요. 그러니 수술 후에 눈이 안 보일 수도 있고 귀가 안 들릴 수도 있습니다."

의사는 그런 가능성이 있다고 말해준 것뿐이었지만, 단지 가능성일 뿐이었지만, 저는 두려웠어요. 하지만, 그렇다고 수술을 안 할 수는 없으니까요. 설령 눈이 안 보이게 되고, 귀가 안 들리게 되더라도 어쨌거나 살아야 하니까요.

사실 저는 어릴 때부터 우울감을 느껴왔고, 시간이 흘러 병원에서 간호사로 근무하는 동안에도 여전히 우울증으로 고생하고 있었어요. 그저 하루하루 그날의 과제를 해치우는 기분으로 살아가고 있었습니다. 내일 보는 시험을 위해 오늘 공부하고, 오늘의 업무를 처리하기 위해 아침에 일어나 출근하는 삶을 반복하고 있었죠. 삶을 멀리 내다보며 나는 앞으로 이렇게 내 삶을 꾸려나가며 행복하게 살아야지, 하는 그런 생각은 전혀 없었지요. 행복에 대한 계획은 꿈도 꿀 수 없었습니다.

'그냥 살아야 하니까 사나 보다.'

이게 인생에 대한 저의 솔직한 마음이었습니다.

그런데 수술에 들어가기 직전에 놀랍게도 제가 이런 생각을 하고 있더라고요.

'살려주세요. 살려주세요.'

그때까지 여러 어려운 상황들을 겪어 왔지만 살고 싶다는 마음을 가진 적은 그때가 처음이었어요. 그전에는 아무리 어려운 순간에도 신에게, 혹은 다른 누구에게라도 그런 기도를 해본 적이 없었습니다. 물론 수술이 끝난 뒤에는 다시 원래의 저로 돌아가 이런 생각을 또 했지만요.

'내가 왜 살려달라고 했지, 수술 끝나고 그대로 죽었으면 됐을 텐데, 그러면 좋았을 텐데.'

사람 마음이 참 간사한 것 같아요. 이런 저도 수술에 들어가기 직전에는 살려달라는 말을 마음 깊은 곳에서 크게 외친 걸 보면요. 저는 진심으로 그렇게 기도했습니다.

그렇게 간절하게 기도한 덕분일까요. 수술 후 저는 무사히 회복할 수 있었습니다. 이후에 진행된 여러 치료도 효과가 있었어요. 주변에서도 많이 응원해 주었고요. 이후에 결혼까지 하게 되는 당시의 남자친구가 특히 정성껏 저를 돌봐주었습니다. 두 번째로 근무했던 안과의 원장님도 입원실에 찾아와 저를 위로해 주었어요. 병원비도 지원해 주었고요. 그때 제가 종양이 터져 수술을 받는 바람에 근무를 팔 개월밖에 못 했는데도 일 년 치의 월급에 퇴직금까지 줬던 게 기억에 남습니다. 저는 이렇게 많은 사람의 도움을 받으며 무사히 퇴원했습니다.

하지만 다 괜찮아진 것은 아닙니다. 그 후로 저는 생리를 아예 안 하게 되었어요. 평생 스테로이드제, 여성 호르몬제, 부신피질 호르몬제를 복용해야 합니다. 제 생명을 유지하기 위해서요. 저는 그 약 중 하나라도 안 먹으면, 삼 일만 안 먹어도 응급실에 실려 가게 될 거예요. 심지어 약을 꾸준히 잘 챙겨 먹어도 늘 에너지가 없습니다. 하고 싶은 일들은 많은데 몸이 안 따라주는 거예요. 다른 사람들에 비해 활동할 수 있는 에너지가 많이 떨어져 있는 상태로 살게 된 거지요. 그렇다 보니 그런 저의 체력과 상황에 화가 나고, 그러다가 또 자주 우울해지죠. 게다가 약의 부작용도 있습니다. 얼굴이 자주 붓고 배가 부푸는 부작용이 종종 일어나요.

그럴 때마다 생각합니다.

'그래도 살았잖아. 눈을 잃을 수 있다고 했는데 보이잖아. 귀를 잃을 수 있다고 했는데 들리잖아.'

제가 잃을 수도 있었던 아주 귀중한 것들을 잃지 않았음에 감사하게 됩니다. 이렇게 된 것은 이렇게 된 것이지만, 어쨌거나 저는 살아났고, 죽을 고비를 넘긴 끝에 다시 한 번 삶의 기회를 얻었으니까요. 그래서 그 경험 이후로 감사하는 마음을 가지게 되었어요. 사람들은 보통 이것도 가지고 싶고 저것도 가지고 싶어 하잖아요. 그런데 저처럼 우울감에 누워만 있는 사람은 일어나 앉을 수만 있다면 좋겠다고 생각하게 되거든요. 욕망의 범위는 줄어들었지만, 간절함은 오히려 깊어진 것 같아요. 그와 더불어 삶의 아주 작은 부분, 삶에서 제가 가진 아주 작은 것들에도 감사하게 되었습니다. 어쨌거나 저는 살았으니까요.

죽는다고 했잖아

뇌하수체 종양 수술 후 퇴원했을 때, 저는 이제 죽을 고비를 넘겼다고 생각해 안심했습니다. 이제 괜찮을 거라고 확신했어요. 수술은 잘 끝났고 치료도 순조롭게 마쳤으며 저는 회복해 퇴원했으니까요. 앞으로는 별일 없을 거라고 여겼습니다. 그래야 한다고 생각했고요. 그런데 그게 너무 큰 바람이었던 걸까요? 저는 일상으로 완전히 돌아왔다고 여겼고, 그래서 정말 오랜만에 당시의 남자친구와 성관계를 가졌습니다.

남자친구와는 스물여섯 살 때부터 만났어요. 당시 저희는 깊이 사랑했고 정말 돈독한 사이였습니다. 남자친구는 어릴 때부터 아빠에게도 친엄마와 새엄마에게도 의지하지 못해 온 제가 믿고 의지할 수 있는 유일한 사람이었어요. 그리고 사랑하는 사람과 성관계를 갖는 것은 너무 자연스럽고 평범한 일상이잖아요.

그런데 당시 저에게는, 제 건강에는 그것도 무리가 되었습니다. 아무래도 제 몸의 면역력이 많이 떨어져 있는 상태에서 성관계를 갖다 보니 남자친구의 몸속 바이러스들이 제 몸속으로 들어온 거예요. 그게 뇌까지 올라가 뇌수막염에 걸리게 되었습니다.

뇌수막염은 뇌와 척수를 둘러싼 뇌수막에 다양한 원인으로 감염과 염증이 발생하는 경우를 말합니다. 세균이나 바이러스에 감염돼 발병하고요. 그런데 제 경우에는 그 정도가 꽤 심했던가 봅니다. 병원에 도착한 그날, 의사에게서 사망할 거라는 말을 들었으니까요.

증상은 고열로 시작되었습니다. 열이 치솟고 몸이 오들오들 떨리기 시작했어요. 처음에는 제 몸의 상태를 정확히 모르는 상태로 당시 다니던 한의원에 갔습니다. 한의원에 가서 평소대로 접수하고, 진료를 받고, 침을 맞았어요. 그런데도 이상하게 상태가 호전되지 않았습니다. 제 상태가 나아지지 않는 게 보이니까 한의원에서도 어떻게든 손을 써보려고 했던 것 같아요. 진료 가능 시간이 지났는데도 저를 붙잡고 계속 치료해주려고 했지요. 나중에 알고 보니 그러지 말았어야 했지만요.

한의원에서 뭘 어떻게 해도 제 상태는 나빠지기만 했습니다. 정신을 잃을 정도였으니까요. 환자가 그런 상태에까지 이르렀으면 즉시 가까이에 있는 큰 병원으로 저를 보냈어야 했는데, 그 한의원에서는 저에게 계속 침을 놔 주었어요. 그러던 중, 제 상태가 걱정돼 전화를 건 남자친구에게 제가 "죽을 것 같다"고 말했다고 해요. 사실 저는 그때 이미 반쯤 정신을 놓은 상태였습니다. 제가 그렇게 말한 사실도 기억이 나지 않거든요. 그 말을 듣고 남자친구가 일하다 말고 한의원으로 달려왔고, 정신을 잃은 상태인 저를 데리고 분당재생병원 응급실로 향했습니다.

그렇게 도착한 분당재생병원에서는 제가 뇌수막염에 걸렸고, 뇌척수액이 터졌다고 말했습니다. 오늘 죽을 수도 있다고, 오늘이 고비라는 말도 들었습니다. 심지어 의사는 제가 정말 죽을 수도 있으니 가족들을 부르라고 했어요. 그래서 당시 호주에 있던 남동생에게까지 연락해, 남동생도 급하게 비행기를 타고 귀국할 정도였지요.

하지만 저는 다시 살아났습니다. 당시 의사는 아마 이미 병균이 제 온몸에 퍼진 상황이고, 항생제로도 안 될 거라고 생각해 그런 판단을 내린 것 같아요. 하나의 의료 상황에 대해서 의사들마다 내리는 판단이 다를 수 있기 때문에, 다른 의사가 저를 담당했다면 다르게 말했을 수도 있고요. 어쨌거나 제가 이 주간 혼수상태였다가 깨어난 것은 확실합니다. 그 사이 병원에서 항생제를 투약받았고 그게 효과가 있었던 것이지요.

긴 혼수상태에서 깨어났을 때 제 옆에는 남자친구가 있었습니다. 의식을 회복하자 남자친구가 기뻐하며 자기가 누군지 아냐고, 자기 전화번호가 기억이 나냐고 물어본 것도 떠오릅니다. 제가 정말 깨어난 게 맞는지, 뇌에 이상이 생긴 건 아닌지 확인하고 싶었던 것 같아요. 다행히 저는 남자친구의 질문에 하나하나 잘 대답했습니다.

회복을 위해 저는 계속 중환자실에 입원해 있었어요. 의식이 돌아오기는 했지만 일반 병실로 이동해도 되는 상황은 또 아니었습니다. 그런데 의식을 되찾은 상태로 의식이 없는 위중한 환자들과 함께 중환자실에 있으려니 그것도 힘들더라고요. 중환자실에서는 매일 죽는 환자가 생겼거든요. 같은 병실 안에서 다른 환자가 사망 선고를 받고, 고인의 가족과 지인들이 우는 걸 매일 보는 게 생각보다 많이 힘들었습니다.

그때 저는 항생제를 많이 맞아서 피부도 굉장히 약해졌어요. 보통 정맥 주사는 팔이 접히는 부분에 많이 맞고, 주사를 맞고 나서는 꼭 테이프를 붙여 지혈하도록 합니다. 그런데 저는 주사를 너무 많이 맞다 보니 테이프를 뜯는 과정에서 살이 조금 같이 뜯겨 나오기도 했지요. 그 와중에, 제가 정신이 있는 상태로 중환자실에 너무 오래 있게 되니 수간호사님이 라디오를 가져다주었습니다. 덕분에 병실에서 라디오를 작게 틀어 놓고 들으며 그 시간을 조금은 수월하게 보낼 수 있었습니다.

그렇다고는 해도, 뇌하수체 종양을 수술한 후 얼마 지나지 않아 또 한 번의 큰 수술을 받게 되면서 몸이 많이 상했습니다. 머리카락도 심하게 빠졌어요. 보이는 부분의 머리카락은 있는데 그 안쪽 머리카락은 거의 없었습니다. 심리적으로도 많이 무너졌지요. 몸이 건강해야 마음의 건강도 유지할 수 있는 거잖아요. 그런데 연달아 두 번이나 큰 수술을 받고 병원에 입원하는 일을 겪으니 심리적으로도 고통이 컸습니다.

그런 상황에서 그동안 연락하지 않고 지냈던 새엄마에게도 전화를 걸었습니다. 죽을지도 모른다는 말을 들었으니까요. 그때는 정말 언제고 죽을 수도 있다는 생각으로 새엄마를 찾았던 것 같습니다. 스물다섯 살 때 집을 나온 이후로 처음 하는 연락이었어요. 새엄마는 예전처럼 아빠와 함께 살고 있었습니다. 아빠는 여전했고요. 당시에도 술을 많이 마셨고 중독 증상이 심한 상태였어요. 그런데 새엄마는 여전히 아빠를 알코올 치료센터에 입원시키고 다시 퇴원시키기를 반복하며 살고 계시더라고요.

그 후로도 새엄마와의 연락은 이어 나갔습니다. 새엄마는 저와 한 번 통화하면 두 시간이고 세 시간이고 아빠 욕을 했습니다. 오래전, 제가 새엄마와 함께 살던 때에 저에게 하던 것과 똑같았어요. 자신의 부정적인 감정을 해소하는 감정 쓰레기통으로 저를 이용하는 것만 같습니다. 제 쪽에서 이제 그만 전화를 끊으려고 하는데도 새엄마는 저를 붙잡고 아빠가 빨리 죽었으면 좋겠다는 얘기를 했어요. 저는 몸이 안 좋은 나를 대신해서 새엄마가 아빠를 돌봐주고 있으니까 참아야지, 새엄마에게 잘해야지, 하는 생각으로 그런 말들을 참고 들었습니다. 그러면서 저도 정신적으로 더 곪아갔던 것 같아요. 몸은

몸대로, 마음은 마음대로 아픈 시기였습니다.

　　하지만 어쩌겠어요. 죽는다고 했지만 살았는걸요. 왜 이렇게 제 목숨이 질긴지 저도 모르겠지만, 그렇지만 자꾸 살아나는 걸 어쩌겠어요. 당시 새엄마와의 관계가 저를 힘들게 했던 것은 사실입니다. 하지만, 그런 반면에 또 다른 사람들과의 관계가 저를 살게 하기도 했어요. 제가 위독하다는 말을 듣고 멀고 먼 호주에서 한달음에 입국한 남동생, 아픈 저를 데리고 병원을 전전하고 내내 곁에 있어 준 남자친구, 의식이 있는 상태로 중환자실에 있기 힘들 것이라며 라디오를 챙겨준 수간호사님까지. 모두가 저를 살린 사람들이지요. 고맙습니다. 덕분에 살았습니다.

도망치듯 결혼

제 인생의 첫 번째 도망은 이십 대에 새엄마를 피해 친엄마에게로 간 것이었습니다. 그리고 두 번째 도망은 친엄마를 피해 남자친구와 한 결혼이었어요. 첫 번째 도망 때 그랬듯 두 번째 도망에서도 계획은 없었습니다. 다만 친엄마와 함께 살면서 불편하고 안 맞는 부분들이 점점 늘어났고 그게 참을 수 없는 지경이 되자 도망쳐 나온 것이었지요. 사실, 당시 친엄마가 집에 남자들을 끌어들이는 게 정말 힘들었습니다.

그런 반면, 여러 차례 죽을 고비를 넘길 때마다 곁에 있어 준 남자친구에게는 고마운 마음이 컸습니다. 그렇다 보니 남자친구를 가족처럼 의지하게 되었어요. 친엄마보다 남자친구에게 더 의지하게 되었지요. 제 친엄마는 제가 아플 때도 별로 신경을 쓰지 않았어요. 남자친구가 회사를 쉬면서까지 저를 간호해 주었고요. 남자친구는 대기업에 다니고 있었고 일도 굉장히 많았을 텐데 엄마보다 더 정성을 들여 저를 돌봐주었습니다. 사실 저는 아팠을 때 엄마가 저에게 보여준 태도와 행동에 실망이 컸어요. 한번은 제가 병실에서 엄마를 기다리고 있는데 너무 안 오더라고요. 알고 보니 아침 드라마를 다 보고 오느라 늦게 온 거였는데, 그 사실을 알고 나서 굉장히 서운했어요. 딸이 죽다가 살아났는데 엄마는 딸보다 아침 드라마를 더 중요하게 생각한 거잖아요. 훗날 제가 엄마가 되어 그때의 일을 다시 생각해 봐도 엄마의 그런 행동은 여전히 이해가 되지 않더라고요.

그러던 중, 엄마가 집에 남자를 들이기 시작하면서 저의 불만과 서운함은 점점 더 깊어졌습니다. 그때 저에게 든 생각은, 비록 알코올 중독자일지언정 아빠가 저에게 보여준 부성애가 엄마의 모성애보다 더 강하다는 점이었어요. 심지어 엄마는 저를 모르는 남자와 단둘이 남겨 두고 외출을 하기도 했습니다. 당시 엄마는 혹시라도 제가 나쁜 일을 당할 수도 있다는 건 전혀 고려하지 않는 눈치였어요.

하루는 이런 일도 있었습니다. 제가 엄마와 함께 반지하에서 살던 때의 일이에요. 형편이 좋지 않으니 안전하고 깨끗한 동네에 살지는 못했어요. 보안이 허술한 분위기이다 보니 동네에서는 강간 사건이 많이 일어기도 했습니다. 그런데 한여름 어느 날, 제가 창문을 열어 놓고 집에서 쉬고 있었는데 그 창문으로 어떤 남자가 저를 쳐다보더라고요. 검은색 티셔츠에 검은색 운동복 바지를 입은 차림이었지요. 제가 낌새를 느끼고 창문 쪽을 쳐다봤는데도 그 남자는 눈길을 돌리지 않았어요. 그 시선이 두려워 저는 얼른 창문을 닫았습니다. 남자는 자리를 뜨는가 싶더니 집의 반대쪽으로 이동했어요. 그쪽 창문도 열려 있었고, 그쪽에는 블라인드가 내려져 있었습니다. 그 남자는 블라인드 끈을 밖에서 잡아채더니 끈을 아래로 당겨 제 집 창문의 블라인드를 자기가 올리기 시작했습니다. 저는 집안을 둘러봤지만 도망갈 곳이 없었어요. 우선 화장실로 피해 문을 잠가 놓고 엄마에게 전화했습니다. 상황을 대충 설명한 뒤 말했습니다.

"엄마, 나 지금 너무 무서워. 빨리 좀 와 주면 안 돼?"

"나 지금 못 간다."

그때 저에게 오지 못한 이유는 엄마가 다른 남자와 있었기 때문이에요.

"그냥 경찰에 신고해."

전화가 끊겼습니다. 저는 엄마와 통화를 마치고 난 뒤 더 겁에 질리게 되었습니다. 밖에서 이상한 남자가 집 안을 들여다보고 있는데, 엄마도 오지 않겠다고 하니 완전히 혼자가 된 것 같았거든요.

'어쩌지? 어떻게 하면 좋지?'

혼자서 발을 동동 구르다가 저는 경찰 대신 남자친구에게 연락했습니다. 그만큼 불안하고 무서웠으니까요. 다행스럽게도 남자친구는 바로 달려와 주었고요. 남자친구가 도착한 뒤 경찰에 신고해 집 밖의 상황을 알렸습니다. 그날, 제가 정말 위험에 처해 있는 순간에도 엄마는 와 주지 않았어요. 다른 남자와 함께 있느라고요. 그때는 정말 배신감을 느꼈습니다. 그리고 엄마는 정말 나를 보호해줄 사람이 아니라는 사실을 확신하게 되었어요. 그런 제 옆에 있어 준 게 남자친구였죠. 결국 저는 친엄마에게서 도망쳐 남자친구와 결혼하기로 마음을 굳혔습니다.

그때 제가 서른 살이었어요. 유월부터 남자친구와 동거를 시작했고 그해 십이월에 결혼식을 올렸습니다. 하지만 결혼에 이르는 과정도 순탄치만은 않았습니다. 시댁에서 반대가 심했거든요. 시댁에서는 처음부터 저를 며느리로 받아들이길 싫어했습니다. 심지어 시어머니는 상견례 자리에 나와서도 결혼에 반대했어요. 상견례라는 게 보통 이미 결혼 허락이 된 상태에서 진행되는 자리인데, 거기에 와서도 싫은 내색을 내비치니 저도 많이 힘들었습니다. 비참하기도 했고요. 오죽하면 남편과 시아버지가 옆에서 이제 좀 허락하라고, 상견례 자리까지 와서 뭘 그러느냐고 말했을 정도였지요.

남편의 부모님은 부동산을 하셨는데, 결혼할 당시 지원도 거의 해주지 않았습니다. 결혼식장을 정할 때도 순탄치 않기는 마찬가지였어요. 저는 원래 결혼식을 스몰 웨딩으로 하고 싶었고, 미리 적당한 예식장의 가격과 위치를 다 알아봐 두었어요. 그런데 막판에 시아버지가 본인의 지인들이 오기 편한 위치의 예식장으로 장소를 바꿔

버렸습니다. 남편과의 결혼을 준비하면서 저는 마음대로 할 수 있는 게 하나도 없었어요. 그건 제 결혼이기도 했는데요. 그리고 결혼 직후부터 본격적인 시집살이가 시작되었습니다.

시간이 흘러 결혼과 이혼을 다 겪어 보니 이런 생각이 듭니다. 아무리 의사든 변호사든 잘나가는 대기업의 임원이든, 여자가 결혼을 잘못하면 폭삭 망하고 마는 것 같아요. 당연히 남자의 경우도 마찬가지겠지만요. 서른 살에 결혼한다고 해도, 앞으로 배우자와 육십 년을 함께 살아야 하잖아요. 결혼 전 삼십 년은 자기 마음대로 살았더라도 결혼 후 육십 년 동안은 배우자와 맞춰가며 살아야 하는데, 그 배우자는 내가 아니고 내 뜻대로 되지도 않습니다.

그래서 저는 도망치듯 결혼한 것을 후회해요. 그때 그렇게 도망치듯 결혼해서는 안 됐다. 결혼은 정말 일생일대의 문제이고, 그만큼 신중해야 하는 일이다. 이런 생각을 요즘에야 합니다. 물론 이혼을 하고 다시 결혼할 수도 있겠지요. 그런데 그게 또 쉽지가 않습니다. 이혼을 하는 과정에서 배우자에게, 저 자신에게 상처가 많이 남게 되죠. 특히 아이에게 가장 큰 아픔을 주게 되기 때문에 이혼할 때는 신중해야 합니다. 만약 아이가 없는 부부라면 조금 더 자유롭게 이혼할 수 있겠지만요. 만일 아이가 있다면, 이혼은 당사자가 아닌 또 다른 생명에게 상처를 주는 일이기 때문에 조심스러울 수밖에 없는 것 같아요. 결혼은 쉬워도 이혼은 쉽지 않습니다. 이런 점 때문에 결혼 전에 아무리 내가 잘 살았고, 잘나갔어도 배우자를 잘못 만나면 나락으로 떨어질 수 있어요.

　마찬가지로 결혼 전 내가 아무리 못났어도 배우자를 잘 만난다면 저 위까지 올라갈 수도 있을 것입니다. 여자든 남자든 상대에 따라 나 자신이 달라지는 게 결혼인 것 같아요. 더불어 인생에 씻을 수 없는 아픔을 남길 수도 있는 게 결혼인 것 같습니다. 처음에는 상대방과 굉장히 잘 맞을 것만 같다가, 시간이 지나면서 그게 아니라는 걸 알게 되기도 하니까요.

　"'그럼에도 불구하고' 내가 감수할 수 있는 사람과 결혼해라."

　저도 지인에게서 전해 들은 말입니다. 상대방의 좋은 점을 보고 결혼하는 게 아니라, 그 상대방의 단점까지 다 알면서도 그럼에도 불구하고 다 감수하는 마음으로 결혼하라는 것이지요. 그런 상대라면 그 사람에게서 자꾸 뭘 얻어내려고 하는 게 아니라 내가 상대에게 줄 수 있는 게 무엇일지를 생각하게 될 거예요. 상대방에 대해서는 그 사람이 어떠하든지 내가 그걸 감수하겠다는 마음이 생겨날 것입니다. 이 정도의 마음이 들 때 결혼하라는 말에 저는 깊이 공감합니다. 상대방에게 있는 좋은 차, 좋은 집은 정말 아무것도 아닌 것 같아요.

　또한, 결혼이라는 게 둘이서만 하는 것도 아닙니다. 각자에게 시댁과 처가가 생기는 일이지요. 부부간의 다툼은 둘 사이의 문제보다는 시댁과 처가 사이의 문제일 때가 많습니다. 집안과 집안끼리의 문제가 되고, 그러면 상황은 더 복잡해지기 쉽습니다. 그렇기 때문에 단순히 '내가 저 사람을 사랑하니까 결혼하겠다'는 생각도 지양하는 게 좋고, 또 너무 복잡하게 상대방의 조건을 재고 따져서 결혼하는 태도도 지양하는 게 좋겠습니다. 결혼과 이혼을 겪어 보니 결국 이런 생각이 들더라고요. 결혼은 내가 배우자에게 베풀기 위해 하는 것이다. 결혼은 내가 배우자에게 베풀 준비가 되었을 때 하는 것이라고, 저는 진심으로 그렇게 생각합니다.

기적 같은 확률로

"꿈에 하얀 곰이 나왔어. 크고 하얀 곰이 자기를 꽉 끌어안고 있더라고."

어느 날 아침, 잠에서 깬 남편이 눈을 비비며 말했습니다. 그런데 남편의 꿈속 내용은 거기서 끝나지 않았습니다. 그 꿈에는 큰 뱀도 나왔다고 해요. 그런데 그 뱀이 제 어깨를 감싸고 있다가 거기서 스르르 내려가더라고 남편은 말했습니다. 태몽이었지요. 사실 병원에서 초음파를 봤을 때 제 아기집은 원래 세 개로 나왔습니다. 그런데 시간이 지나면서 두 개로 줄어들었어요. 그때까지만 해도 저희는 쌍둥

이인 줄 알고 마음의 준비를 하고 있었는데, 나중에 하나가 또 없어지더라고요. 결국 한 아이가 저에게 왔습니다. 그게 제 아들이에요.

뇌하수체 종양 수술을 받은 것 때문에 저는 원래 임신이 어려운 상황이었어요. 뇌하수체에서 각종 호르몬의 분비와 조절을 담당하니까 거기서 여성 호르몬을 내보라고 지시를 내려줘야 임신이 가능해지는 건데, 저는 그게 안 되는 것이죠. 그래서 제 난소는 신호를 못 받아 난자가 생성이 안 됩니다. 병원에서도 임신은 안 될 거라고 했었고, 남편도 그걸 알면서도 감수하고 저와 결혼한 거였어요.

그래도 혹시나 하는 마음에 난임 전문 병원에 찾아갔습니다. 난자를 주사기에 담아 배에 맞으면서 난자 배양을 시도했어요. 그렇게 난자를 배양한 후에 거기에 정자를 넣어서 수정시키는 게 목적이었습니다. 그런데 그 첫 시술을 마치고 바로 남편이 꿈을 꾼 거예요. 남편도 저도 어려울 거라고 예상하고 있었고, 의사도 분명 기대하지 말라고 했었는데요. 그렇게 첫 번째 시도로 바로 아이가 생겼습니다. 정말 기적 같은 일이었어요.

남편과 저는 아이의 태명을 튼튼이라고 정했습니다. 다른 거 다 괜찮으니 튼튼하게만 자라라. 공부 안 해도 된다. 못생겨도 괜찮다. 그냥 건강하게만 자라라. 이런 마음으로 붙인 이름이었습니다. 튼튼이라고 태명을 정한 뒤에는 하루에도 수십 번씩 튼튼이를 부르고 말을 걸었습니다. 튼튼아, 튼튼아, 하고 태명을 부를 때마다 얼마나 기뻤는지 몰라요.

하지만 임신 후에도 힘든 시기가 있었습니다. 우선 입덧이 굉장히 심했어요. 음식 냄새만 맡아도 구역질이 나서 음식을 쳐다보기도 힘들었어요. 그렇게 계속 음식을 못 먹으니까 몸무게가 38kg까지 빠졌습니다. 남편이 출근하기 전에, 냄새가 나지 않고 부담 없이 먹을 수 있는 방울토마토와 고구마 같은 것을 침대 옆에 준비해 두고 나갔는데 그것마저 먹기가 힘들었어요. 그러다가 한 번은 쓰러진 적도 있었습니다.

그 와중에 시댁에서는 아무래도 남편이 장남이고 손자를 보는 게 처음이다 보니 임산부를 어떻게 배려해야 하는지를 전혀 몰랐어요. 며느리가 임신을 했는데도 임신 기간 내내 시댁을 방문하도록 시키기도 했습니다. 당시 저희 부부가 살던 집에서 시댁에 가려면 동부간선도로를 타고 한참 달려야 했거든요. 안 그래도 입덧 때문에 힘든데, 차가 막히거나 하면 속이 더 뒤틀려 더욱 힘들었지요. 그렇게 갖은 고생 끝에 시댁에 도착하면 시어머니는 커다란 수박을 한 통 사다 놓고선 저에게 그걸 자르라고 시키기도 했어요. 임산부가 얼마나 힘든지는 전혀 고려하지 않고 평소처럼 저에게 일을 하도록 해서 그것도 굉장히 힘들었습니다. 아무래도 집안에서 생긴 첫 번째 아이라 그런 생각을 전혀 못 하는 것 같았어요.

남편이 신경을 쓴다고 써 주긴 했지만, 시부모님과 함께 있을 때는 직접 제 편을 들거나 하지는 못하더라고요. 저를 보호해 준다는 느낌도 없었고요. 집에서 단둘이 있을 때야 출근하기 전에 먹을 것도 챙겨주고 했지만, 시부모님과 엮인 상황에서는 전혀 나서지 못해서 저도 어쩔 수 없이 받아들였던 것 같아요. 그런 남편의 태도를요. 이해하려고 해봤지만, 내심 많이 서운했습니다. 홀몸도 아니었으니까요.

임신 동안은 저 혼자 견딘 시간이 많았어요. 물론 임신 전에도 저 혼자 주사를 맞으러 가고 하긴 했지만, 임신해 있는 상황에서는 더 힘들고 서운하더라고요. 제 의지로 아이를 가진 것이긴 해도, 시댁과 남편이 너무 신경을 안 써주는 것 같아 종종 완전히 혼자인 것 같은 느낌이 들었어요. 그래도 튼튼이가 무럭무럭 잘 자라줘서 그게 참 고마웠습니다. 튼튼이는 제 배 속에서 나올 때도 저를 많이 배려해줬어요.

튼튼이가 나오던 날, 저는 유독 배가 많이 아팠습니다. 저는 원래 통증을 잘 견디는 편이에요. 아픈 걸 잘 참으니, 그날도 배가 좀 아프긴 했지만 참을 수 있을 때까지는 집에서 참고 있었습니다. 예정일이 좀 남아 있었거든요. 그런데 그날은 특히 통증이 심해지는 거예요. 저는 티브이를 보던 남편에게 병원에 가야겠다고 말했어요. 그 말을 듣고 남편이 바로 일어나 차에 시동을 걸었지요. 그렇게 남편의 차를 타고 병원으로 이동했습니다. 그런데 도착해서 제 상태를 본 의사가 이렇게 말하더라고요.

"아니, 이 상태를 어떻게 견뎠어요?"

의사가 확인해 보니까 이미 제 자궁이 4cm나 열려 있었던 거예요. 산부인과에서는 진통을 계속해도 자궁이 1~2cm밖에 안 열리는 산모들이 많습니다. 자궁이 4cm까지 열린 정도면 보통 바로 분만실에 들어가야 하는 상황이라고 합니다. 제가 집에서 진통을 내내 견디다가 분만 직전에야 병원에 간 것이었지요.

　　결국 그렇게 바로 분만실에 들어갔습니다. 옆 병실의 다른 산모들이 비명을 지르는 소리가 제 병실까지 들려왔어요. 하지만 저는 비명도 지르지 않았습니다. 아프다. 배가 좀 아프다. 출산할 때는 딱 이 정도의 느낌이었던 것 같아요. 이미 4cm나 자궁이 열린 상태로 분만실에 들어가서 그랬을까요. 출산 과정도 순조로웠습니다. 당시 제 아이가 2.4kg이었거든요. 다른 아기들은 보통 체중이 3.8kg 정도라고 해요. 그리고 몸무게가 많이 나가지 않는대도 3.2kg 정도로는 태어나는데, 튼튼이는 유독 작았던 거예요. 그런데 그건 사실 다행인 일이기도 했습니다. 제가 체구가 작고 저체중이다 보니, 만약 아기가 배 속에서 더 자랐더라면 나올 때 정말 힘들었을 거예요. 분만 직후에 의사가 이렇게 말하기도 했습니다.

　　"아기가 진짜 효자예요. 더 컸으면 골반 통과 못 했을 건데."

　　맞습니다. 튼튼이는 태어날 때부터 정말 효자였어요. 사실 당시에는 아이의 저체중이 걱정되니 더 이상 지켜보기만 해서는 안 되겠다고 판단한 병원 측에서 유도 분만을 권하는 상황이었습니다. 그래서 원래는 유도 분만을 할 계획이었는데, 그전에 진통이 온 거예요. 그리고 또 분만실에 들어갔을 때도 오래 걸리지 않고 아이가 거의 바로 밖으로 나와줬어요. 정말 고마웠지요. 배 속에서부터 튼튼이가 저를 많이 사랑한 것 같아요. 저도 튼튼이를 많이 사랑하고요!

아이가 태어나고 나니 시댁의 반응도 조금 달라졌습니다. 시부모님도 남편도 소중한 생명이 우리 곁에 왔다는 걸 그제야 체감한 것 같았어요. 아이를 굉장히 예뻐하더라고요. 특히 남편이 아이를 많이 아꼈어요. 제가 산후조리원에 있을 때조차 일이 끝나면 산후조리원으로 퇴근해 아이를 보고 거기서 잔 다음 출근할 정도였으니까요. 워낙 일이 바쁘니 밤 열두 시에 산후조리원에 오는 날도 있었습니다. 남편은 그 늦은 시간에도 산후조리원으로 퇴근해 신생아실에 있는 아이를 보러 갔어요. 간호사들이 아기 자는데 밤늦게 와서 보려고 한다고 눈치를 줄 때도 있었지요.

출산 직후에 저는 체중이 32kg까지 빠졌습니다. 만삭일 때 47kg이었는데 아이를 낳자마자 몸무게가 많이 줄어서 놀랐어요. 다른 산모들은 출산 후에도 만삭 몸무게가 거의 비슷하게 유지돼 체중을 걱정하는 게 일반적이었는데, 저는 몸무게가 줄어서 산후조리원 내에서 질투 아닌 질투를 받기도 했어요.

산후조리원에서 모유 수유를 하던 산모들이 굉장히 힘들어하던 것도 기억납니다. 저는 호르몬제를 먹기 때문에 아이에게 모유를 줄 수가 없었어요. 스테로이드제는 아이에게 영향을 줄 수 있으니까요. 그래서 분유를 먹일 수밖에 없었어요. 그게 미안해서 저는 아이에게 오일과 로션을 더 신경 써서 발라주었습니다. 아이들은 손목과 발목이 쉽게 건조해지거든요. 그래서 잘 발라주라고 산후조리원에서 당부하길래, 좋은 제품을 사서 꼼꼼하게 발라주었더니 아이 손목과 발목이 아주 부드러워지더라고요. 간호사들이 아기 손목 발목이 어떻게 이렇게 부드럽냐고, 관리를 정말 잘 해줬다고 칭찬할 정도였어요.

사실 저는 다른 사람들이 말하는 것처럼 출산 과정 자체가 힘들지는 않았던 것 같아요. 그전에는 저도 출산이 제일 고통스럽다는 말을 많이 들어왔기 때문에 많이 아플 줄 알았거든요. 그런데 저는 뇌하수체 종양 수술할 때가 더 힘들었던 것 같아요. 제가 덜 힘들게 출산 과정을 겪어낼 수 있었던 것은 아마 우리 튼튼이 덕분이겠죠. 배 속에 있을 때부터 저를 배려하고 사랑해 준 소중한 아들, 튼튼이에게 정말 고맙습니다.

남보다 못한 관계

결혼 직후에는 남편의 사랑을 많이 받았습니다. 남편과 관계는 삼십 대까지는 계속 좋았어요. 사실 저는 생애 처음으로 그렇게 사랑을 받아본 것 같아요. 어릴 때 부모님에게서 받지 못한 사랑까지도 모두 남편에게서 채워지고 있다고 당시에는 느꼈습니다. 게다가 아이도 있었으니 화목하게 잘 지냈지요. 시어머니가 저를 배척하지만 않았다면 정말 좋았을 거예요.

시댁은 부동산업에 종사했고, 시어머니가 경제적으로 풍족한 상황이었어요. 결혼 후 저와 남편은 시아버지 명의로 된 집에 들어가서 살게 되었습니다. 그리고 시어머니는 그 집을 나중에 저희에게 주겠다고 했어요. 정확하게는 당신의 아들, 제 남편에게요. 그 말을 듣고 남편은 시부모님에게 굉장히 잘하더라고요. 물론 자신의 부모님이니 당연한 거지만요. 하지만 시어머니는 저희 부부가 이혼할 때까지 집을 주지 않았습니다.

남편 입장에서도 힘들었을 거예요. 경제적 지원을 약속한 부모님에게도 잘해야 했고, 그러면서도 아내인 저에게도 신경을 써야 했으니 말입니다. 그런 상황에서 시어머니가 저를 부당하게 괴롭히는 걸 알아도 쉽게 나설 수 없었을 테죠. 그러니 중간에서 말리지도, 중재하지도 않았을 테고요. 하지만 시어머니의 태도는 저를 많이 괴롭게 했어요. 시어머니와의 갈등으로 저는 우울증도 재발했습니다. 시어머니는 사사건건 저를 못마땅히 여겼어요. 결혼을 허락받는 단계에서도 저를 반대했지요. 아이를 가졌을 때도 배려해주지 않았고요. 시아버지와는 그나마 조금 가깝게 지냈지만, 시아버지도 본인의 아들과 손주에게만 관심이 있고 저에게는 신경을 쓰지 않았어요.

시댁과의 관계는 초반부터 삐걱거렸습니다. 가장 서운하고 힘들었던 때는 임신했을 당시의 일이지요. 임신 중에도 시어머니와 트러블이 많았으니까요. 제가 입덧이 심해 몸무게가 38kg까지 빠진 상황에서도 시어머니는 저를 못마땅해했습니다.

"나는 애를 셋이나 낳으면서도 입덧은 한 번도 안 했어. 너는 뭐 그렇게 예민하게 굴어. 임신은 너만 하니?"

심지어 이런 말도 서슴없이 했습니다. 어쩌면 시어머니는 제 말과 행동이 하나같이 다 마음에 안 들었던 건지도 모르겠어요. 아이가 태어났을 때는 제가 아이를 낳았다고 생각하는 게 아니라, 이 아이가 자기 아들의 씨라고만 생각하더라고요. 저와 결혼한 자신의 아들도, 또 저희 부부의 아이도 자신의 편으로 끌어들이고 싶어하는 것 같았습니다. 시어머니는 저만 없으면 좋겠다고 생각했을 것 같아요. 말로만 듣던 시집살이가 이런 배경에서 시작되었던 것입니다.

시어머니의 괴롭힘이 부당하다고 생각하긴 했지만, 그래도 저항할 수는 없었어요. 제 남편의 어머니이기도 했고, 애초에 제가 그런 부당한 상황에 맞서서 저항하는 성향도 아니었으니까요. 그래서 저는 시어머니가 원하는 대로 따랐습니다. 저에게 무언가를 지시하면 지시받은 그대로 행동했어요. 심지어 시어머니가 싱크대에서 손을 씻고 있을 때면 그 아래에서 기다렸다가 떨어지는 물을 닦기도 했어요. 시어머니의 심기를 거스르지 않으려고 최대한 노력했습니다. 또 제가 노력하고 있다는 점을 시어머니에게 알리려고도 애썼고요. 그런 제 마음을 시어머니가 알아주길 바랐던 것 같아요. 하지만 시어머니에게 그런 노력은 통하지 않았습니다. 제가 시어머니의 요구에 맞추려고 노력하면 할수록 시어머니는 저에게 더 많은 것을 요구했지요.

한 번은 이런 일도 있었습니다. 제가 뇌하수체 종양 때문에 스테로이드제를 먹다가 그 부작용으로 골다공증이 생겼어요. 스테로이드제는 부작용으로 당뇨, 고혈압, 고지혈증, 자가면역 질환 등등 여러 가지가 생길 수 있는데, 저는 골다공증이 온 것이지요. 그래서 저는 뼈가 약한 편입니다. 그런데 어느 날은 남편이 꿈에서 큰 개가 나왔다며 골든레트리버같은 큰 개를 데려와야겠다고 말하더라고요. 그때는 남편과 사이가 한창 좋았으니 저는 그러자고 흔쾌히 승낙했지요. 그래서 같이 골든레트리버를 분양받으러 갔습니다. 마음에 드는 아이를 골라서 분양받아 집에 데려왔고, 저는 그 아이가 너무 귀여워서 집에 도착하자마자 강아지 사진을 찍으려고 바닥에 쪼그리고 앉았어요. 그런데 그 순간 제 발등뼈가 툭 하고 부러지더라고요. 그냥 쪼그리고 앉았을 뿐인데 뼈가 부러져 버린 거였어요. 그래서 또 병원에 가게 되었고, 깁스를 했지요. 발등뼈가 부러지면 무릎까지 깁스를 해야 한다는 걸 그때 처음 알았습니다. 그런데 또 그때가 하필 추석이었어요.

　무릎까지 깁스를 하고 명절을 쇠러 시댁에 갔지요. 시댁에서는 그때까지 한 번도 명절이나 기념일에 어디 여행을 간 적이 없었는데, 시어머니가 하필 그때 청평에 가자고 말을 꺼내더라고요. 제사라도 안 지낸다면 모를까 제사는 제사대로 다 지내고 가자는 얘기였어요. 저는 안 가고 싶었지만, 시어머니가 같이 가야 한다고 해서 결국 따라가게 되었습니다. 청평에 도착하자 다들 짐을 풀고 물놀이를 하러 나갔어요. 아이도 아빠를 따라서 나가고 나니 리조트에는 저 혼자 남게 되었지요. 발에는 깁스를 한 채로요. 이미 시댁에서 제사를 다 지내고 떠나온 것이니 몸이 많이 피곤했고, 저를 데려와 혼자 두는 시댁 식구들에게 서운했고, 또 한편으로는 쓸쓸하고 외로운 마음이 들었어요.

물놀이에서 돌아온 가족들이 하나둘 배고프다고 말하기 시작했습니다. 그러자 시어머니가 기다렸다는 듯 저에게 전을 부치라고 시키더라고요. 다리가 부러진 사람에게요. 마치 그러려고 저를 데려온 것 같았어요. 다른 사람이 보기에도 그 상황이 정말 너무하다고 느껴졌는지 평소에는 저를 좋아하지 않던 시누이가 자기가 하겠다고 나서서 제 옆에서 전을 같이 부쳤습니다.

명절 때의 그 일을 빼고서도, 평소에도 시어머니는 그런 태도로 저를 대했어요. 시댁 가족들끼리 식사하는 자리에서 제 시누이의 남편이 먼저 설거지를 하겠다고 나서면 시어머니는 이렇게 대답했어요.

"우리 귀한 사위가 여기 와서 설거지하면 안 되지."

시누이가 자기가 하겠다고 말하니까 또 대답하더라고요.

"내 딸 고생하는데 설거지까지 하면 안 된다."

그러니까 이번에는 제 남편이 나섰습니다.

"아니야, 내가 할게. 제가 할게요. 엄마."

"내 귀한 아들이 왜 찬물에 손을 담가?"

시어머니는 또 이렇게 대답했고요.

'저도 귀한 딸이에요.'

이 말이 제 목구멍까지 올라왔지만 저는 간신히 참았습니다.

제 결혼생활에서는 시댁과의 관계가 가장 힘든 부분이었던 것 같아요. 결혼은 정말 두 사람만의 문제가 아니라 두 집안의 문제구나, 하는 점을 계속 생각하게 됐습니다. 만약 결혼 전으로 돌아간다면, 저는 결혼 같은 건 하지 않으려고 해요. 정말, 다시는 하고 싶지 않습니다. 그 정도로 힘들었어요. 특히 지난 결혼생활에서 겪은 시댁과의 갈등은 에너지 낭비였다고만 생각됩니다. 제가 시부모님과 갈등을 겪으며 괴로워한 시간을 다른 데에 썼다면 얼마나 많은 일을 할 수 있었을까, 더 즐겁고 행복한 일이 얼마든지 많았을 텐데 왜 내가 그런 데에 에너지를 썼을까, 왜 그런 사람들을 위해 내 시간을 투자했을까, 하는 후회가 들어요. 시댁은 정말 법적 가족일 뿐이지, 진짜 가족은 아닌 것 같습니다. 법의 테두리 안에서만, 서류상으로만 가족인 것이지요. 저는 그런 관계는 더 이상 만들고 싶지 않아요. 결혼은 정말 신중하게, 앞으로 법적 가족을 이루게 될 시댁과 처가 사람들에 대해서도 다 알아보고 진행해야 하는 일인 것 같습니다. 저는 그렇지 못해서 남보다 못한 그 관계를 견뎌야 했지만요.

2부

다시 걷기로 했다

4장

내 안의 나를 꺼내다

어렸던 나를 안아주기

시어머니에게 괴롭힘을 당하면서 우울증이 재발했습니다. 시어머니는 말 한 마디도 사람의 마음을 후벼 파면서 하는 분이었어요. 임신했을 때에는 시어머니에게 "내가 여우 새끼를 키웠다"는 말을 들은 적도 있었습니다.

 제가 임신해 있는 동안 점심시간만 되면 시아버지가 저희 집에 찾아왔습니다. 임신 상태인 저에게 점심을 차려달라고 했지요. 시어머니가 보낸 것이었습니다. 시어머니는 공인중개사라 부동산에서 일을 하고 계셨는데, 당시 무직이었던 시아버지를 집에 있던 저에게 보내 매일 점심을 차리게 한 거였어요. 시아버지가 점심시간마다 집에 와서는 제가 뭘 하고 있는지 이것저것 물어보고 집 안을 훑어보던 게 기억납니다. 관심에서 나온 행동 같지는 않았고, 감시하려는 것처럼 느껴졌어요. 무엇보다도 제가 막 결혼한 상태에서 음식을 뭘 할 줄 알았겠어요. 그것도 임신한 상태에서요. 그런데 점심때마다 시아버지의 밥상을 차리려니 정말 힘들었습니다.

아이가 태어난 후에는 제가 아이를 돌봐야 하니까 매일같이 찾아오진 않았지요. 그런데 하루는 시아버지가 연락도 없이 불쑥 집에 찾아온 거예요. 아이가 태어난 지 반년쯤 지났을 때에요. 봄이었습니다. 시아버지는 유아차를 끌고 밖에 나가보는 게 소원이었다며, 아이를 유아차에 태워 데리고 나가려고 하더라고요. 아이가 옷도 제대로 안 입은 상태였는데요. 제가 놀라서 지금 나가시면 안 된다고 말려봤지만 소용없었습니다. 저는 급한 대로 얼른 방에 들어가 담요를 가져와서 아이에게 덮어 주었어요. 그런데 그날 저녁, 시어머니에게 전화가 왔습니다. 시아버지가 집에 돌아가 시어머니에게 아이를 유아차에 태워 산책한 얘기를 했던 것이죠. 시어머니는 이 날씨에 아이를 데리고 나가면 어떻게 하냐고 시아버지를 나무란 모양이었습니다. 그리고 또 저에게도 전화해서, 그걸 나가게 하면 어떻게 하냐고 제 탓을 하기 시작했습니다. 저도 너무 화가 나더라고요. 시아버지가 집에 연락도 없이 찾아와 아이를 막무가내로 데리고 나간 탓에 저도 종일 기분이 좋지 않았거든요. 무엇보다도 아이가 혹시 감기에라도 걸릴까 봐 많이 염려됐습니다.

"그럼 이 날씨에 나가겠다고 하시는데 제가 어떻게 해요?"

저도 언성이 높아졌어요. 아이와 관련된 문제에서는 정말 참을 수가 없더라고요. 그랬더니 시어머니가 이렇게 쏘아붙였습니다.

"애 좀 봐. 내가 여우 새끼를 키웠네."

그 말은 아직도 잊히지 않아요. 며느리에게 여우 새끼라니요. 당연하게도 시어머니가 저를 키운 적도 없습니다. 그냥 제 마음을 후벼 파려고 내뱉은 말이었겠지요. 시어머니의 의도대로 그 말을 들은 제 마음은 정말 아팠습니다.

그런 과정에서도 남편은 별다른 도움을 주지 않았습니다. 어머니가 경제권을 쥐고 있으니 어머니에게 잘하려고 노력하는 것 같았고, 한편으로는 아내인 저에게도 잘해주려고 나름대로 노력하는 것 같았어요. 그런데 그 태도가 애매할 때가 많았습니다. 저와 시어머니 사이에서, 저를 향해서는 제 말이 맞다고 했다가, 돌아서면 다시 시어머니의 편을 드는 식이었지요. 저는 시댁 사람들 사이에서 내내 겉돌았습니다. 특히 시어머니에게 괴롭힘을 당하는 상황에서는 남편만 바라볼 수밖에 없는데, 남편이 그런 식으로 반응하니 특히 더 외롭고 힘들었어요. 남편의 그런 반응이 저에게 더 큰 스트레스를 준 것 같기도 하고요.

이런 상황이다 보니, 우울증은 점점 심해졌습니다. 저는 이십 대에 뇌하수체 종양 수술을 받으면서 체력이 많이 떨어진 상태였어요. 체력이 떨어지며 기분도 따라서 가라앉는 날이 더 많아졌습니다. 머릿속에서는 하고 싶은 일도 많고, 가고 싶은 곳도 많고, 에너지가 넘치는데 몸이 따라주지 않았으니까요. 당시 저는 정말 칠십 대 노인 정도의 체력으로 생활했습니다. 할머니들 보면, 콩나물 사러 나갔다가 다녀와서 한 번 눕고, 콩나물 씻어 놓고 또 한 번 눕고, 그 콩나물 다듬으면서 또 눕고, 콩나물 데쳐 놓고 눕고, 콩나물무침 하나를 만드는 데도 시간과 에너지를 많이 쓰잖아요. 제가 딱 그런 상태로 살았던 것 같아요. 연애 시절이나 신혼 초기에는 그렇게 기운 없고 아프더라도 남편이 이해해주고 사랑해주니까 어떻게든 견딜 수 있었지만, 시댁과의 갈등이 심해지면서는 남편과도 차츰 갈등이 생기더라고요.

우울증에도 여러 증상이 있습니다. 불면, 두통, 가슴 통증, 무기력증 등 굉장히 다양한 증상이 나타날 수 있는데, 저는 그중에서도 무기력증이 너무 심했어요. 우울감이 들기 시작하면 아무것도 하기 싫어지고, 그냥 침대에 눕고만 싶어지는 거예요. 아무것도 할 수 없을 것만 같았고요. 그러다가 또 가슴이 답답해질 때면 주먹을 쥐고 제 가슴을 내리친 적도 많았습니다. 정말 퍽 소리가 나도록 제 가슴을 내리쳤습니다.

그러다 어느 날 저의 우울증이 제 아이에게로 옮겨갈 수 있다는 것을 깨달았습니다. 유치원에서 찍어 보내준 아이 사진을 보게 된 날이었어요. 다른 아이들은 환하게 웃고 있는데 제 아이만 힘없고 무표정한 얼굴로 사진에 찍혔더라고요. 유치원에서 이전에 보내준 다른 사진들도 다시 살펴봤습니다. 그러고 보니 제 아이의 표정은 늘 비슷했어요. 웃는 얼굴로 찍은 사진은 거의 없었던 것입니다.

또, 아이가 집에서 시간을 보낼 때 벽을 보고 말없이 누워 있는 시간이 점점 길어진다는 것을 제가 눈치채게 되었어요. 아이라면 보통 밖에 나가서 뛰어놀아야 하는데 제 아이는 그런 걸 좋아하지 않았어요. 어느 순간부터는 아이의 말수가 줄었고, 표정에도 점점 변화가 없어졌습니다. 그걸 알아차리고 나서는 많이 놀랐고 너무 걱정이 됐습니다. 제가 느끼는 우울감을 아이에게 물려주고 싶지 않았으니까요. 저는 그전에도 제 우울감이 아이에게 전달되지 않도록 아이 앞에서는 더욱 감정을 관리하려고 노력해왔어요. 늘 밝은 표정을 보여주려고 했죠. 아이의 뒤에서는 울더라도 아이 앞에서는 웃으려고 애를 썼습니다. 그런데 아무리 노력해도, 심지어 그렇게 노력하는 것까지도 아이는 다 느끼더라고요.

그 사실을 깨닫고 병원에 다니기 시작했습니다. 상담을 받으며 약을 먹었어요. 우선 병원에 다니면서 의사에게 제 상황을, 그리고 상태를 전하는 과정에서 마음이 좀 차분해졌습니다. 시댁에서 있었던 일들을 이야기하고, 또 아이에 대한 고민도 털어놓았는데 당시 저를 담당한 의사가 많은 도움을 주었어요. 사실 누군가가 제 얘기를 들어준다는 사실만으로도 당시에는 큰 위로가 되었습니다. 처방받은 약을 먹고 나면 우울감도 한결 나아졌고요.

웃음 치료도 우울증에 큰 도움이 됐습니다. 아이 앞에서는 표정

관리를 해야 하는데 어느 순간 그게 잘 안 됐거든요. 또, 언제부턴가 제가 활짝 웃지를 못하는 게 저 스스로 느껴졌습니다. 그래서 웃음 치료를 시작했어요. 웃음 치료를 받는 동안 한 번은 저도 제 어린 시절 사진과 지금을 비교해서 살펴본 적이 있습니다. 그런데 저는 어릴 때의 표정과 지금의 표정이 똑같더라고요. 제가 어렸을 때도 똑같이 우울한 표정으로 사진을 찍었는데, 그때는 누구도 그걸 알아봐 주지 않았던 것입니다.

그걸 알고 나서, 제 엄마가 얼마나 모성애가 없었는지를 다시 생각하게 되었어요. 아이를 키워 보니 저는 아이를 염려하고 아끼는 감정으로 마음이 가득 차고, 혹시 아이가 다치지는 않을까 안전을 챙기고, 좋은 음식과 물건만 주려고 노력하게 되는데요. 제 부모님은 그렇지 않았던 거예요. 부모님에게 받은 어린 시절의 아픔이 뒤늦게 올라오기 시작했습니다.

그런데 치료의 시작은 이런 어린 시절의 아픔을 안아주는 것이라고 해요. 어릴 때의 상처 받은 나를 상상하면서, 지금 성인이 된 내가 그 아이를 안아주고 토닥여줄 수 있어야 한다고요. 그건 누구도 대신해줄 수 없다고 합니다. 다른 사람은 누구도 제 마음을 백 퍼센트 이해해 줄 수 없으니까요. 과거의 제가 가슴 아프고 속상했던 순간들은 저만 아는 것이니까요. 웃음 치료를 통해 저는 이런 내용을 배웠습니다.

저는 오늘도 어린 하윤이에게 '하윤아 너 참 힘들었지?' 하고 물어보면서 머리도 쓰다듬어주고 등도 두드려주고 꼬옥 안아줍니다. '괜찮아, 이제 괜찮아.'라고 말해줍니다. 이건 저만 할 수 있는 일이니까요.

무던한 아이가 되길 바랐는데

아이를 낳고 키우면서 자연스럽게 어린 시절을 돌아보게 되었습니다. 이십 대에는 직장생활에 적응하느라 잊고 있었는데, 제가 엄마가 되어 아이를 키우다 보니 그 시절이 자주 생각나더라고요. 그때를 떠올리다 보면 왕왕 이런 생각이 들었습니다.

'어떻게 우리한테 그럴 수 있었지?'

정말요. 우리를 낳은 엄마가 어떻게 저와 남동생에게 그렇게 할 수 있었는지, 아무리 생각해도 이해가 되지 않았습니다.

제 아이는 가리는 음식이 많습니다. 그래서 아이가 음식에 어떻게 반응하는지에 저도 예민하게 반응하게 돼요. 아이들은 보통 몸에 안 좋은 음식만 좋아하잖아요. 그런 음식만 먹으려 하기도 하고요. 제 아이도 그렇습니다. 그럴 때는 제가 나서서 관리해 줘야 하죠. 아이가 아무리 좋아하더라도, 건강에 안 좋은 음식을 계속 먹게 할 수는 없잖아요. 반면 건강에 나쁘지만 않다면 아이가 좋아하는 음식은 더 자주 해주려고 하고요. 저는 이런 게 엄마의 마음이 아닌가 싶어요.

그런데 어릴 때 제 엄마는 저와 남동생에게 초콜릿과 콜라를 많이 먹였습니다. 저희 남매가 초콜릿과 콜라를 좋아해서 그것만 먹으려고 하고, 다른 건 안 먹었다고 해요. 그래서 매일 그것만 먹였다고 엄마는 말했습니다. 그래도, 아무리 그렇다고 해도 어떻게 아이들이 초콜릿과 콜라를 마음대로 먹도록 내버려둘 수 있었을까요. 하루는 호주에 있는 남동생에게 연락이 왔습니다. 남동생도 호주에서 아이를 키우며 사는데, 그러다 보니 저랑 똑같은 지점에서 화가 난 거예요.

"엄마는 어떻게 우리한테 초콜릿이랑 콜라를 먹일 수가 있냐? 우리 그러고 컸어, 누나."

특히 호주는 한국과 문화적 차이가 있고, 음식에 대한 태도가 달라서 더 그렇게 반응했던 것 같아요. 호주에서는 감기에 걸려 병원에 가도, 약한 감기에는 비타민C를 처방할 정도로 아픈 데가 생겨도 최대한 자연적으로 치료하려는 분위기라고 합니다. 그만큼 먹는 것에 더 신경을 쓴다고도 해요. 그러니 남동생도 어릴 때 저희가 먹고 자란 것들을 돌아보게 되었겠지요. 매일 콜라와 초콜릿을 먹었던 그 시절을 생각하면서 속상하고 서운한 마음이 들었을 것입니다.

이렇게 저도 남동생도 각자 가정을 꾸리면서 어린 시절의 일을 돌아보게 되었고, 다시금 그 상처를 느끼게 되었어요. 하지만 그 과정에서 제 아이를 잘 키워야겠다는 책임감 또한 더 강해졌습니다.

또, 제 아이가 굉장히 예민하더고요. 사실 제가 예민한 사람이라, 저는 아이가 무던하게 자라기를 바랐습니다. 그래서 일부러 오감 발달 교육도 시키지 않았어요. 아이가 유치원에 다닐 때, 다른 엄마들이 한창 아이에게 오감 발달 교육을 시키고 그랬거든요. 아이들 머리 좋아지라고요. 바닥에 물감 같은 걸 쏟아서 손으로 만져 보게 하고, 밀가루나 계란 같은 재료들을 손에 묻히면서 느끼고 감각할 수 있게 하는 교육 방식이에요.

저는 예전부터 아이를 예민하게 키우면 안 된다는 생각이 강했습니다. 제가 예민한 성향이다 보니, 예민한 사람이 얼마나 피곤하게 살게 되는지를 경험상 알고 있어요. 제 아이에게 그런 불편함을 주고 싶지 않았습니다. 오감 발달 교육을 시키면 감각이 예민해진다고 생각하거든요. 저는 아이가 좀 무던하게 살기를 바랐습니다. 다른 사람의 말 한 마디에도 신경을 쓰고, 사람들의 표정 하나하나를 감지하고 반응하며 살게 될까 봐 걱정이 되었어요. 그냥 좀 못 듣고, 못 보고 사는 게 편하다는 것을 제 경험으로 알고 있었으니까요.

하지만 제 아이는 오감 발달 교육을 시키지 않았는데도 예민한 성향을 타고났더라고요. 우선, 미각이 예민해 음식을 많이 가립니다. 어릴 때는 이유식을 만들어 먹였는데, 입에 안 맞으면 아예 손도 대지 않았습니다. 오이도 싫어하고 멜론도 싫어해요. 하지만 아이가 싫어하는 음식이라고 그냥 안 먹게 내버려둘 수는 없으니까, 가루를 음식에 뿌리는 식으로 아이가 영양분을 고루 섭취할 수 있도록 유도했습니다. 그런데 아이가 미각이 예민하다 보니, 가루를 뿌려서 숨겨놔도 안에 뭐가 들어 있는지 곧바로 찾아내더라고요. 샐러리 가루, 시금치 가루 같은 것을 사서 음식에 섞어 줬는데 그걸 또 금세 눈치채고 먹지 않아 아이에게 건강한 식사를 챙겨주려던 제 시도가 자주 실패했던 기억이 납니다. 우리 아이가 정말 예민하구나, 하는 생각을 그때마다 했어요. 역시 나를 닮았구나, 하는 생각도 연이어 했습니다.

어린이집에서는 종종 아이들끼리 싸움이 일어나기도 합니다. 그런데 제 아이는 싸우면 꼭 손톱으로 친구를 긁더라고요. 친구들과 싸우는 것은 흔히 있는 일이니 그러려니 했지만, 매번 손톱으로 친구들을 긁어서 얕게라도 상처를 만들었어요. 그런 일이 생기면 저는 매번 아이 친구의 부모들에게 고개 숙여 사과해야 했지요. 한편으로는 제 아이가 예민한 게 저를 닮아 그런 것 같아서 아이에게도 미안한 마음이 들었습니다.

제 아이가 예민하게 반응하는 감각은 미각만이 아니에요. 아이는 청각도 예민한 편입니다. 어릴 적에는 시계 소리에도 힘들어할 때가 있었습니다. 시계의 초침이 돌아가는 그 작은 소리를 귀에 담아내고는 그 소리에 매번 신경을 썼습니다. 그래서였는지 아이가 잠도 많이 못 잤어요. 다른 아이들은 밥 잘 먹고 배부르면 자기도 하는데, 제 아이는 그런 게 없었지요.

저를 닮아 예민한 아이에게 어떻게든 조금 더 좋은 것을 주고 싶어서 저도 많은 노력을 기울였습니다. 하지만 제가 부족했던 걸까요. 음식을 안 먹는 건 어떻게 할 수가 없었어요. 편식하지 않도록 좋아하는 음식 안에 숨겨서 먹여도 기어이 토를 하더라고요. 먹는 데에 있어서는 제가 노력한 만큼 아이에게 도움이 되지 못했던 것 같습니다. 음식 외에 아이가 예민하게 반응하는 것들은 아예 그 요소를 주변에서 치워버렸습니다. 시계 소리를 힘들어해서 방에서 시계를 치웠고, 햇빛에 예민해서 양산과 선글라스를 준비해 주었어요. 하필 어릴 때 아이가 다니던 유치원이 동쪽 방향에 있어서, 선글라스를 끼고 유치원에 다니던 적도 있었습니다.

2025년인 지금 아이는 중학교 이 학년이에요. 어릴 때 예민하게 반응하고 힘들어하던 것에는 조금씩 적응해 나가고 있습니다. 다만 이 시기는 무던하던 아이들도 예민해지는 시기이기 때문에, 제가 조금 더 신경을 쓰게 되는 것 같아요. 제 아이는 철이 빨리 든 편이라 그런 점에서 저는 더 마음이 쓰여요. 아이가 속으로는 힘들어도 겉으로 내색을 안 할까 봐요. 제가 걱정할까 봐서 불편하고 힘든 마음을 숨길까 걱정입니다. 이제는 자기 감정을 숨길 줄도 알아서, 제가 뭘 물어봐도 대답을 솔직하게 안 할 때가 많습니다. 그래서 저도 이제는 뭘 꼬치꼬치 물어보기보다는 아이가 말하지 않아도 먼저 배려하고 챙겨주려고 노력하고 있어요.

다행히 아이도 제 마음을 알아주는 것 같아요. 제가 사는 집에 오면 편안하다고 합니다. 원래 침대에 누워도 빨리 잠들지 못하고, 잠자리가 바뀌면 힘들어하는데, 제 침대에 누우면 바로 잠이 들더라고요. 또 아이가 예민한 성향이라서 그런지, 제 감정이나 상태도 무심하게 넘어가지 않고 신경을 써줄 때가 많습니다. 아이가 원래 밖에 나가는 걸 싫어하는 집돌이인데요, 하루는 제가 강아지를 데리고 산책하러 다녀오겠다고 말했더니 자기도 가겠다고 따라 나오더라고요. 마침 저도 마음이 가라앉고 처지던 무렵이었는데 함께 나갈 수 있어서 무척 좋았어요. 강아지까지 셋이 함께 산책을 하고, 아이스크림도 하나씩 먹으며 동네 한 바퀴를 돌고 오면 그 시간이 저에게도 큰 위로가 되었습니다. 아주 사소하고 일상적인 순간인데도 힘이 많이 났지요.

만약에 제가 다시 예전으로 돌아갈 수 있다고 해도, 그래도 저는 오감 발달 교육은 시키지 않을 것 같아요. 오감 발달 교육도 그렇고, 요즘 한국 부모들이 많이 시키는 성적 위주의 교육도 시키지 않을 거예요. 사실 최근 한국에서는 아이가 어릴 때부터 영어 유치원에 보내기도 하는데, 한글도 모르는 아이를 영어 유치원에 보내면 그게 효과가 있을지 의문이 듭니다. 아이만 고통스럽게 하는 게 아닐까 하는 생각도 조금은 들고요.

아이의 지능을 중요하게 여기는 부모들은 머리가 좋아지기를 바라고 오감 발달 교육을 시키는 경우가 많은데요, 감각 발달이 필요한 쪽으로 진로를 결정할 거라면 도움이 되겠지만 그렇지 않다면 오감 발달 교육이 꼭 필요할까요? 예민한 미각을 살려서 요리사가 되거나, 예민한 청각을 살려서 음향 감독이 된다면 도움이 되겠지만요. 그런데 그게 아니라면 남들이 듣지 않는 것, 들을 필요가 없는 것까지 들려서 아이가 더 피곤해질 수도 있어요. 남들은 잘 인지하지 못하는 하수구 냄새를 아이만 예민하게 감지할 수도 있고요. 촉각이 예민한 사람이라면 출퇴근 길 지하철에서 다른 사람들과 부딪히는 것에도 남들보다 더 스트레스를 받습니다.

그래서 저는 그건 좋은 교육이 아니라고 생각해요. 아이의 지능을 위해서, 공부를 잘하게 만들기 위해서 감각 발달 교육을 시키는 것은요. 그렇게 안 해도 요즘은 사람들이 대체로 예민한 사회입니다. 그런데 감각까지 예민하게 발달하면 더 쉽게 싸움이 일어날 수도 있고, 타인과의 관계에서 불쾌감도 더 자주 느낄 수 있겠지요. 그냥 넘어갈 수도 있는 일에 더 짜증을 내고, 언성을 높이게 될 거예요.

저는 제 아이가 지하철에서 땀에 젖은 옆 사람과 살을 맞대고 나서도 그런가 보다, 하고 무던하게 넘어가는 성인으로 자라면 좋겠어요. 집에 와서 샤워하면 그만이니까요. 새로 생긴 식당에서 주문한 점심 메뉴가 좀 맛이 없더라도 그런가 보다, 하고 무던하게 먹을 수 있으면 좋겠고요. 꼭 필요한 갈등은 어쩔 수 없이 일어나겠죠. 하지만 이 사회 안에서 사람들과 함께 어우러져 잘 살아갈 수 있다면 머리가 좋지 않아도, 공부를 못 해도 괜찮지 않을까요?

웃음의 힘

웃음 치료를 처음 접한 건 인터넷을 통해서였습니다. 그 당시 웃음 치료 선생님은 모피 가게를 운영하고 있었어요. 그래서 참여자들은 그 가게에 모여서 웃음 치료를 들었지요. 제가 참여한 수업에는 여섯 명 정도가 모였어요. 그때 저는 삼십 대 초반이었고, 다른 분들은 중년에서 노년까지 다양한 연령대였습니다. 그런데 다들 조금씩 상처가 있었어요. 물론 저도 그랬지만요. 어떤 사람은 항암 치료를 받다가 그 과정에서 우울감을 느껴 참여하게 됐고, 또 어떤 사람은 남편한테 학대를 당해 그 상처를 치료하기 위해서 왔다고 했습니다.

웃음 치료를 지도해준 선생님도 기억납니다. 선생님도 항암 치료를 받으며 암 환자로 몇 년을 보낸 경험이 있다고 들었어요. 그런데 제가 느끼기엔 선생님이 굉장히 예민한 사람 같았어요. 늘 웃는 얼굴로 다른 사람을 대했는데, 제가 보기엔 그게 자신의 예민함을 완화하려는 노력 같았습니다. 저에게는 선생님이 자신의 상처나 예민함을 웃음으로 승화하려는 사람처럼 보였어요. 저도 예민한 편이라 선생님을 본받아 웃음으로 예민함을 중화하고 싶었고, 웃음으로 제 삶을 승화하고 싶었지요. 그래서 웃음 치료를 열심히 다니게 되었어요. 계속 다니다 보니 삼 년 넘게 선생님 수업을 들었습니다.

웃음 치료 수업의 주된 목적은 혼자 있을 때도 웃음이 흘러넘치도록 연습하는 것이었습니다. 보통 우울감은 혼자 있을 때 찾아오기 마련인데요, 그런 순간에도 웃음을 자아낼 수 있도록 연습하는 것이죠. 특별한 일이 있어서 웃는 게 아니라 아무 이유 없이도 제 안에서 웃음을 끌어낼 수 있도록 연습하는 과정이었습니다. 수업 시간에는 우선 선생님과 참여자들이 둥글게 모여 앉아 자신의 이야기를 다른 사람과 나눕니다. 참여자들이 각자 자신이 어떻게 살아왔는지, 무엇이 힘들었는지, 왜 우울해졌는지 하는 것들을 이야기해요. 한 사람의 이야기가 어느 정도 마무리되면 선생님이 말합니다.

"그럼 우리 이 시점에서 또 한 번 웃어볼까요?"

그러면 모인 사람들이 웃기 시작하는 겁니다. 웃는 데는 이유가 필요하지 않아요. 그냥 묻지도 따지지도 않고 웃는 거예요. 마치 웃기 위해 태어난 사람들처럼, 웃기 위해 그 모든 일을 겪은 사람들처럼 한바탕 크게 웃고 나면 속이 후련해지곤 했습니다. 그 과정을 반복하면서 저는 힘을 많이 얻었어요. 웃는 데에도 힘이 필요하다는 것 역시 그 과정을 통해 깨달았고, 그 힘을 저 스스로 기를 수 있다는 것도 웃음 치료를 통해 배웠습니다.

지금 무엇을 어떻게 느끼는지, 감정을 설명하려고 하면 힘들잖아요. 웃음 치료에서는 자신이 지금 느끼는 감정이 어떤지 설명하는 법을 배웁니다. 선생님이 인간의 감정을 표현하는 말들을 프린트해서 나눠준 뒤, 그 안에서 지금 자신이 느끼는 감정과 가장 가까운 것을 찾도록 해요. 내가 오늘 뭘 했는데 그 결과가 어땠고 그래서 지금 기분이 어떠어떠하다, 하고 말하는 법을 배우는 거죠. 사실 저는 그 과정에서 자기 자신을 표현하는 방법을 배웠다고 생각해요. 그리고 그 내용이 저 스스로를 알아가는 데 많은 도움이 되었습니다.

'하루에 최소 오 분씩 온 집안이 떠들썩해질 정도로 웃고 오기' 이런 숙제가 있었던 것도 기억납니다. '웃음콜'이라는 것도 있었어요. 저녁 아홉 시가 되면 카카오톡으로 단체 통화를 했습니다. 전화를 받으면 다른 말은 하지 않았어요. 받자마자 참여자들 모두 그냥 웃었습니다. 한참 웃다가 선생님이 오늘은 그만하자고 말한 뒤 그날 통화에서 함께 웃은 시간을 말해줍니다.

"오늘은 칠 분 웃었네요. 내일은 삼 분 더 웃어볼까요?"

이런 식으로요. 그걸 하루도 빠지지 않고 일 년 넘게 진행했습니다. 그 열정이 지금 생각해도 정말 대단하게 느껴져요. 웃음에 대한 그 열정은 사실 삶에 대한 열정이었겠지요. 거기 참여했던 우리는 그만큼 열심히 살고 싶었던 거예요.

처음에는 그저 신기하고 재미있었어요. 그런데 자주 웃다 보니까 혈액 순환에도 도움이 되고 좋더라고요. 그러다가 저도 점점 더 많이 웃게 되었습니다. 가장 좋았던 점은 감사하는 법을 배운 것이었어요. 크고 대단한 일이 생겨서 웃고 감사하는 게 아니라, 아주 작고 사소한 일에도 감사하는 법을 배우게 되었거든요. 심지어 물건에도 감사하게 되었어요. 커피를 담아 마실 수 있는 머그잔이 있음에도 감사하고, 잠깐 앉아서 쉴 수 있는 의자가 있음에도 감사하게 됐습니다. 그 의자에 앉아서 밖을 내다보면 햇빛이 내려오잖아요, 그러면 그 내리쬐는 햇빛에도 감사하게 되더라고요. 산책을 할 때면 나무와 공기에도 감사할 수 있게 되었고요.

웃음 치료를 통해 제가 많이 변화한 만큼, 다른 사람들에게도 웃음 치료 과정을 알리고 싶어서 나중에는 자격증도 취득하게 되었어요. 그런데 웃음 치료는 자격증 취득 과정도 남달랐습니다. 다른 자격증 시험처럼 공부해서 문제를 푸는 식으로 시험을 치르는 게 아니었어요. 웃음 치료 자격증 시험이니만큼 다른 사람을 어떻게, 얼마나 잘 웃게 할 수 있는지를 평가해서 자격증을 수여했습니다. 제가 어떤 식으로 웃음을 전파할 것인지 프레젠테이션을 준비해서 그걸 발표하는 방식으로 평가가 이루어졌지요. 선생님의 추천으로, 저는 가장 높은 등급인 일급 자격증에 도전했습니다. 아무래도 평소 출석률도 높고 매회 성실히 참여해서 그런지, 선생님이 일급에 지원하라고 추천하더라고요. 원래 저는 사람들 앞에서 말하는 걸 못 하는 편이에요. 하지만 열심히 준비한 덕분에 심사위원들이 지켜보는 앞에서, 강당이 떠나갈 듯한 기세로 당당히 발표를 진행할 수 있었습니다.

자격증을 취득한 뒤에는 아이의 어린이집에서 일일 교사로 웃음 치료 수업을 진행하기도 했어요. 스승의 날이었지요. 당시 아이가 다니던 어린이집에는 스승의 날이면 부모들이 와서 선생님 대신 한 시간 정도 수업을 진행하는 프로그램이 있었습니다. 그런데 그때 제 아이가 속한 반에서 아무도 지원을 안 하길래 제가 지원하게 되었어요. 아이의 어린이집 반 친구들을 대상으로 수업을 진행한다는 게 조금 떨리기도 했지만, 다들 무척 재미있게 참여해주었습니다. 수업 분위기도 전체적으로 화기애애했던 기억이 납니다.

"여러분, 집에서 엄마 아빠가 여러분한테 싫은 소리나 잔소리를 할 때가 있죠? 그때 기분이 나쁘잖아요. 엄마 아빠가 싸울 때도 우리 우울하고 힘들죠?"

이렇게 웃음 치료를 위한 분위기를 먼저 잡았더니 아이들이 큰 소리로 그렇다고 대답했습니다.

"그럼 그럴 땐 이렇게 엉덩이를 한 번 흔들어 볼까요?"

제가 이렇게 말하자 여기저기서 웃음이 터져 나왔어요. 저는 선생님의 반응이 제일 재미있었는데, 교실 뒤편에 서서 제가 무슨 말만 하면 자꾸 몰래몰래 웃으시더라고요. 처음 접해보는 수업이라서 그랬는지 아이들도 초롱초롱 눈을 빛내면서 수업을 잘 들어주었습니다. 무엇보다도 열심히 웃어줘서 고마웠어요.

요즘에도 저는 잘 웃습니다. 별일이 없는데 그냥 혼자 웃기도 해요. 그렇다 보니 사람들과 함께 있을 때도 더 잘 공감하게 되고, 다른 사람의 말에도 더 편안하고 즐겁게 호응하게 되는 것 같아요. 웃음 치료의 진짜 힘은 나의 웃음을 회복해서 다른 사람들과 그 웃음을 나누게 되는 순간에 있는 것 같습니다. 어린이집 수업 때, 교실에서 제 아이가 저를 보며 웃던 모습이 아직도 마음속에 남아 있습니다.

내 손으로 만든 것들

저는 손재주가 좋은 편입니다. 손으로 뭘 만드는 걸 좋아해요. 제가 만든 물건을 직접 사용하는 것도 좋아하고, 선물하는 것도 즐깁니다. 아이 바지를 제 손으로 만들어서 입힌 적도 있지요. 그러고 보면 저는 엄마를 닮은 것 같아요. 엄마는 제가 어렸을 때부터 집에서 뜨개질을 자주 했습니다. 십자수를 배워서 거실에서 수를 놓고 있는 모습을 저도 종종 봤어요. 엄마 옆에서 뜨개질바늘이 어떻게 생겼는지, 털실은 어떤 감촉인지, 바늘에 실이 엮여서 어떻게 목도리며 스웨터가 완성되어 가는지 지켜봤습니다. 한 코 한 코 엄마의 손이 움직이는 모습을 보며, 나도 만들어보고 싶다는 생각을 했어요. 당시에는 쉽게 나서지 못했지만요. 그렇게 뜨개질이며 십자수 같은 것들에 관심을 가지게 되었고, 나중에 조금 더 커서는 직접 십자수 키트를 사다가 집에서 책갈피를 만들어 보기도 했습니다. 부모님 이혼 후 새엄마와 함께 살 때였지요.

"청승맞게 뭘 그런 걸 만들고 있어. 그런 것 좀 하지 마."

제가 십자수에 집중해 있는 모습을 보고 새엄마가 말했습니다. 손으로 뭘 만드는 걸 좋아하는 제 성향이 친엄마를 닮아서 그렇다는 걸 느꼈던 걸까요? 새엄마는 제가 십자수를 하는 걸 반기지 않았어요. 십자수 외에도 제가 제 손으로 무언가 만들어 내는 것을 좋게 보지 않았습니다. 지금 생각하면, 자신과 닮은 면이 아니라서 그런 저의 모습을 더 거부했던 것도 같아요.

어쨌거나 그 후로는 대학에 다니고, 직장에 들어가고, 결혼과 출산을 거치느라 한동안 뭘 만드는 일에 시간을 쏟을 수가 없었어요. 그러다가 아이가 어느 정도 자라서, 아이를 돌보면서 제 시간도 어느 정도 가질 수 있겠다고 생각이 됐을 때 액세서리 만드는 걸 배우기 시작했습니다. 남편이 출근할 때 차를 이용해서, 저는 차가 없었습니다. 그래서 유아차에 아이를 태우고 다니며 각종 액세서리 만드는 걸 배웠어요.

비즈 액세서리가 한창 유행했었죠. 저는 그것보다 조금 더 일찍 비즈 액세서리를 접하기 시작했습니다. 제가 배운 작업도 비즈를 실에다 꿰서 액세서리로 만드는 거였어요. 비즈에도 종류가 다양합니다. 원석 비즈, 유리 비즈, 아크릴 비즈, 도자기 비즈, 우드 비즈 등 재료에 따라 여러 가지가 있어요. 별 모양, 복숭아 모양, 하트 모양, 꽃 모양, 눈물 모양, 조개 모양 등 모양도 여러 가지로 나와 있습니다. 색상은 또 얼마나 예쁘게 갖춰져 있는지 몰라요. 비즈로 만들 수 있는 액세서리도 종류가 많습니다. 가장 흔하게는 목걸이, 팔찌, 반지 등을 많이 만들고, 머리핀이나 키링도 만들 수 있어요.

저는 팔찌와 목걸이, 반지를 많이 만들었어요. 블랙과 골드 비즈를 섞어서 반지의 줄을 엮고 가운데에 스마일 펜던트를 넣은 반지는 시크하면서도 모던한 느낌이 들어서 남성에게도 어울릴만한 액세서리였어요. 남편도 좋아하더라고요. 그 반지를 보고 남편은 굉장히 마음에 들어 하며 손에 끼워 보더니 말했습니다.

"이거 팔아도 되겠다. 한 번 팔아보는 게 어때?"

육 개월 정도 꾸준히 배우러 다닌 터라, 액세서리는 제가 봐도 완성도가 높았습니다. 저는 남편의 말에 자신감을 얻어 네이버 스토어팜을 개설했어요. 과정이 간단하지는 않았습니다. 온갖 서류를 준비하고 온라인 매장을 꾸며 마침내 영업을 시작했어요. 진주와 꽃 모양 비즈를 섞어서 만든 목걸이, 진주와 스마일 펜던트를 섞어서 만든 팔찌, 샤넬 향수병 펜던트를 메인으로 한 진주 목걸이. 당시 제가 가장 즐겨 사용하던 비즈는 진주였어요. 단단한 눈물 같은 모양의 진주를 저는 어릴 때부터 좋아했습니다. 판매량이 많지는 않았지만, 그래도 진주로 만든 액세서리들이 손님들의 반응도 좋았던 것 같아요. 하지만 수익으로 이어지지는 않아서 판매는 일 년 뒤에 중단했습니다.

다만 수익과 상관없이 저는 즐거웠어요. 어릴 때 엄마가 뜨개질과 십자수로 무언가 만드는 걸 보면서 나도 해보고 싶다는 마음이 있었는데, 그걸 내내 못하다가 뒤늦게 시도해본 것이잖아요. 손으로 무언가 만들어서 내가 만든 제품으로 사람들에게 아름다움을 나눠주고 싶었는데 그걸 해볼 기회가 없었습니다. 중학교 때에는 공부해야 했고, 고등학교 때에는 우울감이 심해져 뭘 해볼 생각도 하지 못했지요. 그렇게 간호대학교에 들어가고, 간호사가 되어 병원에서 일했고요. 사는 내내 쉴 틈 없이 달려온 가운데, 그래도 어린 시절의 소망을 잠시나마 이룰 수 있어 기뻤어요.

그 기쁨이 컸기 때문에 비즈 액세서리 온라인 매장을 접고 나서도 다른 만들기에 도전했습니다. 아이가 초등학교에 입학한 뒤로는 매듭 공예를 배우러 다니기 시작했습니다. 매듭 공예는 매듭을 묶거나 매듭에 비즈를 연결해서 장신구를 만드는 과정이었어요. 수업은 집 근처 공방에서 진행되었지요. 매듭으로도 목걸이, 팔찌, 반지, 키링 등을 만들었습니다. 제가 반짝이는 것을 좋아해서, 비즈를 섞어서 작업하기도 했어요. 비즈와 아크릴 실로만 작업을 하다가 재료를 바꾸니 또 새로운 즐거움이 있더라고요. 만든 액세서리는 제가 쓰기도 하고 주변에 선물하기도 했습니다. 그러다 보니 즐거움이 더욱 커지는 것 같았어요.

아이의 바지는 재봉틀을 이용해서 만들었습니다. 어느 날 오래

된 옷을 입다가, 이 옷을 다르게 바꿔서 입어 보고 싶다는 생각이 들었습니다. 긴 청바지였는데 반바지로 바꿔서 입어도 좋을 것 같았어요. 그래서 재봉틀 사용법을 배울 수 있는 곳을 검색해봤어요. 거리가 조금 멀긴 했지만, 그 다음 달에 바로 시작하는 수업이 있어 즉흥적으로 신청했습니다. 다른 건 생각하지 않았고, 내가 하고 싶으니까 도전해 보자는 마음이 컸던 것 같아요. 재봉틀로 옷 만드는 수업을 듣던 초기에는 아기 옷을 많이 만들었습니다. 그때 아이 바지도 만들었고요. 나중에는 제 치마도 만들었는데 자주 입게 되지는 않았어요.

그래도 괜찮았습니다. 제 손으로 무언가를 만드는 즐거움만으로도 이미 충분했으니까요. 어릴 때부터 하고 싶었던 일을 할 수 있다는 것만으로도 저는 기뻤어요. 제가 만든 걸 판매할 수 있든 없든, 그게 수익이 나든 안 나든, 심지어 만든 옷을 제가 잘 입지 않아도 정말 괜찮았어요. 마음에 간직한 어린 시절의 소망을 이룬 것만으로도 좋았기 때문입니다. 어릴 때 하고 싶었는데 못 하고 포기한 게 있다면 지금이라도 시도해보세요. 가볍게 시작해도 좋을 거예요.

남편의 빚이 빚이 되어 돌아왔다

시댁과의 갈등은 제 결혼생활에서 가장 큰 어려움이었습니다. 다행스럽게도, 그 와중에 남편과는 직접적인 마찰 없이 잘 지내왔습니다. 그런데 시간이 지나자 남편과의 갈등이 시작되었어요. 문제는 뜻밖에도 돈이었습니다. 남편은 대기업 산하의 광고회사에 다녔고, 연봉도 많은 편이었어요. 매달 천만 원 넘게 월급을 받았으니까요. 그래서 저는 저희 부부에게 경제적인 문제가 생기리라고는 예상하지 못했습니다.

남편이 광고회사에 다니면서 남자 화장품 사업을 병행하겠다고 나섰을 때 말려야 했을까요? 그 화장품 사업은 영업을 시작한 지일 년 만에 망했습니다. 당연히 본전도 못 건졌고 빚만 엄청 쌓였지요. 거기다 회사를 함께 운영했던 동업자와의 일이 잘못돼 그 사람의 빚까지 남편이 떠안게 되었습니다. 빚의 규모는 이미 몇 억 수준이었고, 남편은 자기 앞으로 끌어서 쓸 수 있는 신용을 다 쓴 상태였습니다. 곧 신용불량자가 될지도 모르는 형편이었지요. 빚은 쌓여 있고, 급여는 한정되어 있고, 대출금과 이자 납입 기한은 다가오고. 그런 상황에서 하루는 남편이 제 신용을 조회해 보자고 하더라고요. 저는 제 앞으로 대출을 쓴 적이 없어 신용 점수가 높았습니다.

"이 신용 좀 빌리자."

남편은 부탁하며 말했습니다. 당시 남편과는 사이가 아주 좋았고, 저는 남편과 이혼하리라는 생각을 단 한 번도 해본 적이 없었어요. 그래서 남편에게 그러자고 대답했지요. 망설임 없이요. 그게 또 다른 문제를 불러오리라고는 전혀 예상하지 못한 채로요. 문제가 생기더라도 남편의 급여로 어떻게든 충당이 될 거라고 생각했습니다. 남편이 어떻게든 갚을 거라고 확신했기 때문에, 저는 그러자고 답하곤 아무 거리낌도 없이 제 앞으로 빚을 내기 시작했습니다.

하지만 남편도 돈 빌리는 법을 몰랐던 게 문제였어요. 무턱대고 캐피탈 대출을 써버린 것입니다. 그렇다 보니 금세 제 신용 점수도 육백 점대로 떨어지고 말았습니다. 캐피탈로 대출받은 금액만 팔천만 원에 이르게 되었고요.

빚은 빚대로 늘어갔고, 남편은 남편대로 변하기 시작했어요. 어느 날 제가 힘없이 누워 있는데 남편이 제 어깨를 흔들면서 말했습니다.

"지금 누워 있을 때가 아니야. 빚을 더 내야 돼."

이미 제 앞으로도 받을 수 있는 한도까지 빚을 낸 상황인데, 남편은 빚을 더 내야 한다고 우겼습니다. 방법이 없는 상황이었는데요. 그러면서 집안 살림을 운영하는 문제에 관련해서도 저에게 잔소리를 하기 시작하더군요. 집안일에 대해서, 아이 육아에 대해서 평소에는 자신도 신경 쓰지 않고 넘어갔던 문제들을 하나하나 트집 잡았습니다. 제가 아픈 걸 뻔히 알면서도 그런 얘기를 해서 다툼이 잦아졌어요. 힘든 시간이었지요.

그 와중에 남편은 공황장애를 앓게 되었습니다. 언젠가부터 남편이 퇴근하고 집에 오면 누워만 있더라고요. 옆으로 누워서 핸드폰만 봤습니다. 원래는 거실에 나와서 티브이 보는 걸 좋아하는 사람이었는데 어느 순간부터 어두운 방에 누워만 있게 되었어요. 좀 이상하다 싶었지요. 알고 보니 남편은 회사에서 동료들에게 왕따를 당하고 있었습니다. 회사 사람들이 회의 장소나 시간을 안 알려줘서 자신만 참여를 못 하게 했다고 남편이 말했습니다. 심지어 회의 내용도 모르게 하고, 자료도 주지 않았다고 해요. 그 얘기를 들으니 또 가슴이 많이 아프더라고요. 아무리 싸우고 못마땅한 부분이 있었어도, 그때까지만 해도 남편은 제 사람이었으니까요.

경제적인 문제로 저를 힘들게 하고, 변한 면이 있다고는 해도,

저에게 남편은 정말 소중한 존재였거든요. 남편과 저는 서로 너 없으면 못 산다는 말을 밥 먹듯이 할 정도로 각별한 사이였습니다. 그런데 그런 남편이 사람들에게 왕따를 당하고, 아프다는 말을 들으니 저도 마음이 무척 아팠어요. 그래서 제가 다니던 병원에 남편도 데려갔습니다. 의사가 남편에게 내린 진단은 공황장애였어요. 그 후로도 남편은 처방받은 약을 챙겨 먹지 않으면 죽을 것 같은 두려움을 느끼게 되었습니다. 마치 심장이 곧 멈출 것만 같은 두려움이라고 남편이 말했어요. 한번은 남편이 약을 깜빡 잊고 먹지 않은 채 같이 외출한 적이 있었습니다. 남편이 운전을 하고 있었는데, 그때 공황장애 증상이 시작되면서 정말 힘들어하더라고요. 저는 가슴이 철렁 내려앉았습니다. 이러다 남편이 기절하는 게 아닌가, 사고가 나는 게 아닌가 하는 걱정도 일었고요. 제가 운전대를 바꿔 잡아야 했지만, 도로 한복판이라 그럴 수도 없었습니다.

저희 부부가 그런 시간을 버티는 동안 시댁에서는 상황을 전혀 모르고 있었어요. 남편이 가족들에게 직접 말을 못 하겠다고 해서, 제가 나서서 시부모님께 편지를 썼습니다. 사정이 이러해서 남편이 공황장애를 치료받고 있다고, 남편 앞으로 빚이 이렇게 쌓여 있으니 그걸 좀 갚아달라고요. 그런데 시댁에서는 그 화살을 엉뚱하게도 저에게로 돌렸습니다.

"그건 돈 빌려준 네 잘못이지. 그걸 내가 빌려주라고 했냐? 왜 빌려줬어, 그걸."

나중에 알고 보니, 남편이 그동안 시댁에 제가 아프다고 거짓말을 해서 돈을 빌려다 써 왔던 것입니다.. 시부모님과 시누이에게 몇백만 원씩을 계속 가져다 썼더라고요. 남편이 공황장애로 아프다고 하니, 모든 진실이 밝혀진 뒤에도 시댁에서는 남편 탓은 못 하고 저에게만 비난을 쏟아냈습니다. 자기 남편이 뭘 하고 다니는지 어쩌면 그렇게 모를 수가 있냐고요. 제 시누이는 남편에 대한 모든 걸 시댁에 보고한 다음에 이혼하라고 말하더군요.

사실 남편이 변해가는 모습을 보면서 저도 이미 이혼을 생각하고 있었어요. 그래도 남편이 아픈 상황이니, 할 수 있는 데까지는 배우자의 역할을 하고 싶었던 것이지요. 그런데 그동안 남편이 시댁에 거짓말을 하고 있었다는 것까지 듣고 나자, 저도 남편에 대한 신뢰가 완전히 무너졌습니다. 제가 유일하게 믿었던 사람이고, 저에게 유일하게 사랑을 주는 사람이라고 생각했는데 아니었어요. 당시 저는 남편과 시댁으로 인한 스트레스 때문에 길에 쓰러지기도 여러 번이었습니다. 두통이 너무 심해져 응급실에도 몇 번 다녀왔고요.

사실 남편의 빚은, 돈 문제는 그렇게 큰 걸림돌이 아니었어요. 그것보다 더 실망스러웠던 점은 그 과정에서 드러난 남편의 변화와 거짓말 그리고 시댁의 태도였습니다. 남편이 제가 아프다는 핑계를 대고 시댁에서 거짓말로 가져간 돈을 어디에 썼는지, 저는 알 수 없었어요. 돈의 액수가 중요한 게 아니었지요. 저 몰래 돈을 가져다 썼고, 그동안 저를 속여왔다는 게 중요했습니다. 한때는 저 자신보다도 사랑했던 사람인데, 남편에게서만 사랑받을 수 있을 거라고 믿었는데, 남편의 빛이 제 안에서 사그라들고 말았습니다. 그 자리에 빛이 남았지요.

내 아이에게

남편과의 이혼을 확실하게 결정하기 전에, 저는 먼저 아이의 생각을 물어봤습니다. 이혼은 남편과 하는 것이었지만, 의논은 아이와 먼저 하고 싶었어요. 그래야 한다고 생각했습니다.

"엄마가 이렇게 계속 병원 다니고, 응급실 다니고, 집에서도 맨날 누워 있는데, 이것보단 일주일에 한 번을 봐도 밝은 모습으로 보는 게 낫지 않겠어?"

아이는 뜻밖에도 아빠가 변한 것을 초등학교 삼 학년 때부터 느꼈다고 말했어요. 제가 아이에게 물어본 게 중학생 때였으니 이미 삼 년 이상 아빠의 변화를 눈치채고 있었던 것이죠. 아이는 또, 아빠에게 다른 여자가 생긴 것 같았다는 말도 했습니다. 사실 저도 이미 그 사실을 알고는 있었지만, 아이에게 말하지 않으려고 했었거든요. 돌이켜 보니 아이는 초등학교 때부터 벽을 보고 누워 있는 시간이 많아졌었어요. 어쩌면 아빠의 변한 모습을 지켜보는 게 힘들어서 우울했던 게 아닐까 짐작하게 되었습니다.

"엄마, 나는 이미 다 알고 있었어요. 그래서 너무 힘들었어요."

아이는 아빠의 변화와 외도를 이미 알고 있었고, 부모님의 관계가 끝나가고 있는 것도 벌써 짐작하고 있었던 것입니다. 아이의 말을 듣고 나서 저는 더욱 마음을 굳히게 되었어요. 그동안 아이가 벽만 보고 누워 있던 게 무슨 이유 때문이었는지 정확히 알 것 같았어요. 남편과 제가 이렇게 부부 관계를 이어간다면 아이는 앞으로도 벽을 보고 침대에 누워만 있게 될 것 같았습니다.

남편이 마음을 다잡지 않으면 이런 생활도, 남편과의 갈등도 계속 이어지겠죠. 그러면 저는 아이의 식사도 제대로 챙겨주지 못하고, 아파서 밤낮으로 병원에 들락거리고, 아프고 우울한 모습만 아이에게 보여주게 될 게 뻔했어요. 특히 이 결혼생활에서 느끼는 제 우울감이 아이에게 그대로 이어지고 있다는 생각이 마음을 더 아프게 했습니다. 그래서 이혼에 대한 결심을 확고히 하게 되었습니다.

아이는 제가 우울증 약을 먹고 있고, 웃음 치료에 다니고 있는 것도 알았어요. 제가 아이 앞에서는 우울한 모습을 보이지 않으려고 노력하는 것도 아이는 이미 알고 있었습니다. 아이가 시댁 사람들에 대해서 덧붙인 말들은 제 마음을 더욱 미어지게 했습니다.

"할머니네 가면 할머니, 할아버지가 엄마 싫어하는 게 내 눈에도 보여요."

아이는 그게 내내 속상했다고 덧붙였습니다. 제가 더는 그런 취급을 당하지 않으면 좋겠다고 아이는 말했습니다.

"엄마, 그냥 여기서 나가는 게 좋겠어요."

아이의 그 말을 듣고 저는 확실하게 이혼을 결정했습니다.

이혼 후에는 아이와 매주 만나며 밝은 모습으로 시간을 보낼 수 있었습니다. 아이는 워낙 집에 있는 걸 좋아하는 성향이라, 제 집에 와서도 밖에 잘 안 나가려고 했어요. 침대에 누워 있길 좋아했지요. 그래도 너무 집에만 있게 하는 것보다는 가까운 데라도 데리고 나가야 할 것 같아서 외출을 제안했는데 번번이 거절당했습니다. 너무 멀리는 말고, 바로 집 앞에 있는 다이소에라도 가자고 했는데 몇 번을 얘기한 뒤에야 간신히 한 번 함께 다이소에 갈 수 있었지요. 다이소에 들어갔을 때 신기하게도 아이도, 저도 자연스럽게 식물 코너로 향했습니다. 저를 닮은 건지, 아이는 식물에 유독 관심을 보였고 식물을 키우고 싶어했어요. 그런데 아이에게 말을 한 적은 없지만, 저도 그때 한창 식물에 관심이 많았거든요. 아이와 둘이서, 피는 못 속인다고 서로에게 말하면서, 함께 원예 코너를 둘러보았습니다. 각종 씨앗, 배양토, 다양한 크기의 화분, 화분과 색깔을 맞춘 화분 받침대. 식물을 키우기 위해 필요한 것을 보이는 대로 골라 잔뜩 사서 가져왔지요. 그 화분 안에서 싹 틀 식물을 기대하면서요.

아이는 미각이 예민하고 입맛이 까다로운 편이에요. 음식을 많이 가립니다. 하지만 지금도 제가 해준 장조림을 가장 좋아합니다. 그래서 저는 아이가 올 때마다 소고기를 사고, 메추리알을 삶아서 장조림을 한 통 만들어요. 부지런히 만든 장조림을 손에 들려주면 아이가 정말 좋아하거든요. 아이가 감기에 걸렸을 때는 꼭 배와 도라지를 사다가 끓여서 즙을 만들어야 합니다. 그걸 먹으면 감기가 얼른 낫고, 한번 먹어두면 그다음부터는 감기에도 잘 안 걸린다고 하더라고요.

제가 할 수 있는 선에서 아이를 챙긴다고는 하지만 그래도 안타까운 순간이 생기고는 합니다. 이혼 초기에 제가 잠깐 고시원에 있었는데, 그때 늦은 시간에 아이에게서 전화가 왔어요.

"엄마 나 잠이 안 와요."

"아빠는? 무슨 일 있어?"

"아빠는 나가고 없어요."

그때는 이미 밤 열한 시가 지나 열두 시가 다 되어가는 시각이었어요. 저는 바로 고시원 문을 열고 나가 택시를 잡았습니다. 당시에는 돈도 없었는데, 아이가 집에 혼자 있다고 하니 아무것도 머릿속에 떠오르지 않았습니다. 단지 아이에게 얼른 가야겠다는 생각뿐이었어요. 집에 도착해 보니 남편은 집에 없었고 아이가 잠을 못 자고 거실에 나와 있더라고요. 저는 아이를 침대에 눕게 하고, 아이의 손톱을 손질하기 시작했습니다. 아이는 어릴 때부터 제가 손톱을 손질해 주면 금세 잠들었거든요. 그렇게 해서 아이를 재우고 나오니까 남편이 들어왔습니다.

제 전남편에게는 새로운 사람이 생긴 것 같아요. 카카오톡 프로필 사진에서 그런 분위기가 느껴지더라고요. 아이에게 듣자니, 아이에게도 이미 소개해 주었다고 합니다. 저는 두 사람의 관계와 엮여서 아이가 힘들게 될 일이 없기를 바라고 있어요. 혹시라도 아빠에게 생긴 새로운 사람과의 관계 때문에 아이가 상처를 받거나 힘들게 될까 봐 벌써 걱정입니다.

한편, 저는 아이에게 이런 말을 해주고 싶습니다. 엄마 아빠의 이혼이 너에게는 아픔일 테지만, 그것도 네 인생의 한 부분일 뿐이라고요. 엄마 아빠의 이혼 때문에 슬픔에 잠기기보다, 그 시간을 아이가 자신의 꿈을 찾고 키워나가는 데에 쓰길 바랍니다. 그런데 쉽지 않은 일이겠죠. 저도 부모님의 이혼을 겪었으니까 잘 알고 있습니다. 하지만 외부 환경 때문에 아이가 자신의 인생을 낭비하거나 버리지 않도록 어떻게든 도와주고 싶어요. 엄마 아빠가 네 인생을 대신해서 살아줄 수 있는 것도 아니니까, 누구도 책임져 줄 수 없으니까, 그러니까 너만 생각하며 살라고요.

아이가 초등학교에 다닐 때 저는 아침마다 아이에게 말했습니다.

"오늘도 실패 많이 하고 와."

조금 의아하게 들릴 수도 있지만, 실패한다는 건 도전을 했다는 거니까요. 만약 아이가 오늘 아무것도 도전하지 않았다면 실패도 없을 거예요. 언젠가 책에서, 무언가를 도전해야 실패든 성공이든 생기는 거라고 이야기하는 구절을 읽었습니다. 그리고 저도 그렇게 생각합니다. 아이가 어렸을 때도, 책에서 읽은 그 내용에 동의하며 아이에게 그런 말을 했던 것이고요. 당시 저는 아이가 학교에 갈 때면 오늘도 실패 많이 하고 와, 하고 말해줬고, 아이가 하교 후 집에 돌아오면 이렇게 물었어요.

"오늘 무슨 실패 했어?"

만약 아이가 딱히 말할 게 없다면, 그건 그 하루가 아무것도 도전하지 않은 날이라는 뜻이었어요. 그럴 때는 다시 말했습니다.

"내일은 실패 더 많이 하고 와."

저는 제 아이가 실패를 두려워하지 않고 도전할 수 있기를 바라요. 엄마 아빠가 이혼했다 하더라도, 거기에 너무 영향을 받지 않고 자신의 삶을 마음껏 펼쳐나가기를 바랍니다. 그 과정에서 아이에게 필요한 도움과 필요한 사랑은 제가 힘닿는 데까지 최선을 다해 지원해주고 싶어요. 아이가 더 용감하게 실패하고 또 도전할 수 있도록요.

큰 캐리어를 사서

이혼을 결심한 그해 팔월, 남편과 합의해 이혼 신청서를 제출했습니다. 하지만 이혼 절차에 들어간 후에도 저는 남편과 매일같이 싸웠습니다. 그간 연애하고, 결혼생활을 하면서 한 번도 싸우지 않고 잘 지낸 게 신기할 정도였어요. 당시 남편과 저는 서로를 향해 상처 주는 말도 마구 내뱉었습니다.

"이제 부부도 아닌데 무슨 상관이야."

"내가 살면서 후회하는 게 딱 한 가지 있는데. 너랑 진작 헤어지지 못한 거야."

이런 날 선 말들이 오갔습니다. 남편은 제가 돈을 많이 쓴다고 타박했어요. 지금 우리 가정에 돈이 없는 게 모두 제 탓인 것처럼 저를 몰아세웠습니다. 제가 집에서 살림도 하지 않고 아이도 잘 돌보지 않는다고 억지를 부리기도 했지요. 그토록 스트레스를 받으니 제 건강도 점점 악화되었습니다. 몸과 마음이 아픈 상태인데 어떻게 집안일에 전처럼 신경을 쓰겠어요. 게다가 가사 노동이 왜 저 혼자만의 책임인가요? 남편은 원래 그렇게 깨끗한 스타일도 아니었습니다. 제가 화장실을 아무리 깨끗하게 청소해 놔도 남편이 들어갔다가 나오면 다시 지저분해져 있었으니까요. 벽에 비누랑 다 묻혀 놓고, 본인도 비누가 목이랑 팔뚝에 그대로 묻은 채로 나와서 그냥 자버리는 스타일인걸요. 함께 사는 동안 남편은 화장실 청소를 단 한 번도 해주지 않았어요. 그 외에도 살림은 전부 제 몫이었지요.

그렇게 계속 갈등이 계속되던 시기의 일입니다. 하루는 싸우고 나서 제가 방문을 닫고 나가자 남편이 갑자기 콧노래를 부르기 시작하더라고요. 저는 건강도 좋지 않은 데다 화가 나 있는 상태였는데, 남편은 저와 싸운 뒤에 콧노래를 부르더라고요. 그게 너무 충격적이었어요. 그래서 이혼 절차가 진행 중이던 시월에, 저는 더이상 참지 못하고 큰 캐리어를 하나 주문했습니다. 캐리어가 도착하자마자 거기에 제 짐을 대충 싸서 집을 나왔어요. 하지만 갈 데가 어디 있었겠어요, 저에게. 저는 결국 고시원으로 향했습니다. 28인치 캐리어를 힘겹게 끌면서요.

듣던 대로 고시원에는 침대 하나와 책상 하나 외에는 아무것도 없었습니다. 옆방에서 나는 소리가 얇은 벽을 타고 제 방으로 그대로 들려왔지요. 제 옆방에 살던 사람은 출근을 했던 건지, 수업을 듣던 건지, 아침마다 꼭 알람을 맞춰 놓았어요. 그런데 그 소리가 제 방까지 엄청 크게 들리는 바람에, 저도 덩달아 매일 아침 일곱 시에 눈을 뜨게 됐던 기억이 나네요. 고시원의 좁은 방 안에 옷이며 가방, 화장품, 목욕용품 같은 것을 다 두고 살아야 했으니 발 디딜 틈이 없었어요. 그리고 많이 추웠습니다. 제가 원래 추위를 많이 타는데, 고시원 자체도 난방을 충분히 해주지 않아서 잘 때 특히 힘들었습니다. 집에서는 제가 한여름만 제외하고 계속 전기장판을 사용했거든요. 그러니 시월의 고시원도 저에게는 춥게 느껴졌지요.

샤워실은 성별만 분리된 공용이었습니다. 안에 사람이 있을 때는 기다렸다가 씻어야 했어요. 샤워실 시설 자체가 노후한 데다, 사람들이 그리 깨끗하게 쓰지도 않아 머리카락이 그대로 벽에 붙어 있을 때도 있었어요. 제가 직접 치우고 나와야 할 때도 있었습니다. 화장실도 성별이 나뉘어 있긴 했지만, 공용이라서 쓸 때마다 불편했어요.

그나마 공용 주방에는 밥과 김치가 갖춰져 있었습니다. 처음 고시원에 들어갔을 땐 밥을 나가서 사 먹었어요. 그런데 곧 돈이 떨어졌고 그 후로는 고시원에 있는 밥과 김치를 먹으며 살았습니다. 공용 주방에 밥과 김치가 있다는 것에 감사하면서요.

위험할 뻔한 순간도 있었지요. 하루는 옥상에 올라가 담배를 피우고 있는데 어떤 아저씨가 반대쪽에서 저를 향해 저벅저벅 다가오더니 이렇게 말하더라고요.

"시간 있으면 저랑 소주 한잔해요."

저는 내심 당황했지만 바로 거절했습니다. 그런 일을 한두 번 한 게 아닌지, 상대는 별일 아니라는 듯 물러났습니다. 하지만 그 뒤로는 담배를 피울 때도 조금 더 조심하게 되었어요.

제가 집을 나올 때, 남편은 제게 나가면 어디서 지낼 거냐고 물었습니다. 고시원으로 갈 거라고 대답했지요. 제가 마땅히 갈 곳이 없다는 걸 다 알고 있으면서도, 남편은 제 거처를 따로 마련해주지 않았습니다. 물론 당시 사업 실패로 빚이 많았고, 여건이 안 됐을 수도 있습니다. 그래도 시댁이 워낙 부유하게 사는 집안이었으니 돈을 구하려고 하면 얼마든지 구할 수 있었을 텐데 도와주지 않더라고요.

남편이나 누구의 도움도 없이 그런 환경에서 삶을 이어가며 저는 일자리를 알아보기 시작했습니다. 우선 병원을 먼저 알아봤어요. 간호대학을 졸업했고, 국가공인 간호사 자격증이 있었고, 병원에서 일을 하기도 했으니까요. 그런데도 취업이 쉽지 않았습니다. 이미 마지막으로 일한 때부터 십사 년이라는 시간이 흐른 거예요. 경력 단절로 인해 지금 다시 들어가서 일한다고 해도 신입의 연봉과 처우를 받게 되었습니다. 한번은 서류전형에 합격한 병원에서 연락이 왔습니다. 그 병원에 면접을 보러 갔어요. 잘될지 몰라서 긴장했지만, 면접을 본 후 바로 합격했고 조건을 조정하려고 하던 때에 연봉이 안 맞아서 입사할 수 없었습니다. 저는 그때 남편이 제 앞으로 진 빚 때문에 매달 이백오십만 원씩 이자를 내야 했는데 그 병원 월급이 이백만 원이었거든요. 그러면 제가 생활할 돈조차 없어지는 것이지요.

나중에는 병원에 들어가는 걸 포기하고, 다른 일자리를 알아보며 틈틈이 단기 아르바이트를 했습니다. 아르바이트 취업 사이트를 검색해 보니 서빙 아르바이트 일자리가 많길래 그 일을 하러 나가봤어요. 그런데 계속 서서 일해야 하고, 무거운 걸 들고 날라야 하는 일이라 몸이 안 좋은 저에게는 맞지 않더라고요. 이틀 만에 무릎 인대를 다쳐서 병원에 가야 했습니다. 오히려 병원비가 더 많이 들었어요. 그러다가 바 아르바이트를 발견했어요. 기본적으로 급여가 높았고, 일 자체도 그렇게 어렵지 않을 것 같아서 한 번 가봤습니다. 그런데 그런 곳에서도 이십 대나 삼십 대 정도의 직원을 구하지, 사십 대 여성은 받아주지 않았어요. 딱 한 곳에서 연락이 와 출근했는데, 술을 너무 많이 먹어야 해서 계속 일할 수가 없었지요.

그 과정에서 너무 힘들어 남편에게 한 번 도움을 요청한 적이 있습니다. 백만 원만 빌려달라고 했지요. 그때 한 번 백만 원을 받아서 쓴 게 남편에게 받은 도움의 전부였습니다.

그러다가 결국 바에서 아가씨들을 관리해 주는 일을 시작하게 되었습니다. 그 일이 돈을 많이 받을 수 있었거든요. 그곳에 취직한 뒤 바로 고시원을 나왔고, 고시원에서 가까운 오피스텔에 에어비앤비로 들어가서 살게 되었어요.

고시원에서 지낸 시간은 약 삼 주 정도였습니다. 힘들긴 했지만,

고시원에서 산다고 해서 슬프다거나 비참하지는 않았습니다. 저는 그 안에서도 공부할 수 있고, 일할 수 있다는 생각을 많이 했어요. 실제로 고시원에 사는 사람들 다 그렇게 살아나가고 있고요. 어쨌거나 몸을 누일 수 있는 공간이 있고, 부엌에는 밥과 김치가 준비되어 있었으니까요. 생활이 조금 불편하긴 했지만, 이혼을 결정하고 오갈 데 없던 저에게 잠잘 곳과 음식을 제공해 준 고마운 곳이었어요. 제가 만약 망해서 다시 고시원으로 돌아간다고 해도 다시 시작하고 일어날 수 있을 것 같아요. 그곳을 거쳐 보니 오히려 새로운 용기가 생겼습니다.

명함 돌리는 기계

결국 바에서 직원들 관리하는 일을 하게 되었어요. 그 당시 남편이 제 앞으로 진 빚 때문에 이자만 이백오십만 원씩 나오고 있었고, 경력 단절로 병원에 다시 들어가려면 신입으로 들어가야 했고, 다른 일자리도 마땅치 않았으니까요. 캐피탈 대출은 이자만 해도 정말 어마어마했습니다. 어떻게든 빚은 갚아야겠고, 고시원에서도 계속 살 수는 없었습니다. 아이가 잠깐이라도 와서 묵었다가 갈 수 있는 거처를 마련해야 할 것 같았어요.

그렇다고 바에서 계속 아르바이트를 하자니, 술을 마시는 게 너무 힘들더라고요. 뭘 해야 하는지도 잘 모르고 갔던 거예요. 술을 마시면서 손님들 이야기를 들어주면 된다길래 쉽게 생각했던 거죠. 그런데 바에는 다른 일도 있었습니다. 바로 그 직원 아가씨를 관리하는 일이었습니다. 돈도 많이 준다고 해서 일을 시작했습니다. 강남에 있는 바였어요. 제가 바에서 아르바이트를 했던 것처럼, 손님들과 술을 마시고 이야기 상대가 되어주는 일을 할 여성 직원들을 제가 모집하고 관리해야 했습니다.

하지만 그곳에서도 일의 범위가 생각보다 넓었어요. 그때가 십일월이었는데, 날씨가 무척 추웠습니다. 그런데 저녁 여섯 시만 되면 강남역 일대를 돌아다니면서 명함을 돌려야 했던 거예요. 처음에는 낯설고 망설여졌는데, 어쨌거나 돈을 벌어야 했고, 빚은 갚아야 했고, 저는 살아야 했으니까요. 그랬기 때문에 제 안에 있는 모든 용기와 긍정적인 마음과 밝은 모습을 다 끌어올려 매일 저녁 강남역에 나갔습니다. 지나가는 사람들에게 명함을 건네면서 말했습니다.

"안녕하세요. 수진입니다. 한번 놀러 오세요."

이런 멘트를 하면서 최대한 밝게 웃었습니다. 당시 그 바에서 제가 수진이라는 이름을 가명으로 썼거든요. 그러면 당시 강남역 일대의 회사원들이 퇴근하는 길에 그 명함을 받았습니다. 누군가는 아무 말 없이 명함만 받아서 갔고, 누군가는 명함을 건네는 제 손을 밀쳐냈습니다. 또 누군가는 저를 향해 같이 웃으면서 놀러 갈게요, 하고 대답하기도 했습니다. 그래도 받아주는 사람이 칠십 프로 이상은 됐던 것 같아요. 나머지 삼십 프로의 사람들은 무시하고 지나가긴 했지만요. 아마 제가 워낙 긍정적인 표정과 목소리로 얘기하니까 그쪽에서도 받아준 것도 같지만, 지금 다시 그 일을 하라고 하면 못 할 것 같아요. 어디에서 그런 용기가 나왔던 것인지 모르겠습니다. 그때는 마치 내가 내가 아닌 것처럼, 다른 누군가에 빙의된 것처럼 술술 그런 말이 나왔습니다. 저도 신기할 정도로요. 제가 원래 그렇게 밝고 능청스러운 사람이었던 것처럼 말이 나왔으니까요.

물론 그때 명함을 돌리면서도 여러 사람을 만났으니, 그 사람들과 어떤 관계가 형성됐다고 느낀 순간도 있었어요. 아무래도 강남역 인근의 직장인들이 제 명함을 주로 받게 됐는데, 그 시간이면 퇴근을 하거나 담배를 피우러 나오는 사람들이 많더라고요. 약속을 한 것도 아닌데 매일 같은 시간에, 같은 장소에서 마주치게 되었습니다. 같은 사람을 그렇게 반복해서 마주치다 보니 자연스럽게 친해지게 되었어요. 한번은 제가 또 웃으면서 다가가 명함을 건넸더니 이렇게 말하는 사람도 있었습니다.

"야, 나 네 명함 세 장이나 갖고 있어. 이제 그만 줘."

"그럼 세 장 갖고 있으면서 왜 안 와."

웃으면서 장난스럽게 말하길래, 저도 웃으면서 대답했습니다. 실제로 제 명함을 받은 뒤 바에 놀러 오는 사람도 있었어요. 그렇게 맺어진 관계 속에서 저는 한 번이라도 더 웃을 수 있었고, 그 웃음 덕분에 힘든 시간을 버텼던 것 같아요.

바에서 직원들을 관리하는 일은 제가 간호사를 그만두고 처음

들어간 직장이었어요. 그래서인지 처음에는 새로운 환경에 적응하는 것도, 새로운 사람들을 만나는 것도 어색하게 느껴지더라고요. 게다가 해야 하는 일도 꽤 다양했습니다. 명함을 나눠 주러 나가기 전에는 일할 아가씨들을 구하는 것도 해야 했어요. 그 일을 하다가 여섯 시가 되면 나가서 강남역 일대를 돌며 명함을 돌리고, 그다음에는 안으로 들어와 바에 오는 손님 응대까지 제가 해야 했습니다.

그런데 그렇게 힘들게 일했는데도 한 달 뒤에는 그곳에서 해고당하고 말았습니다. 그곳에서 일하게 되면 첫 출근 날 핸드폰을 하나씩 나눠줍니다. 영업을 할 때 사용하는 핸드폰입니다. 제 명함에도 그 영업용 핸드폰 번호를 적어서 명함을 만들었고요. 저는 해고 통보를 받던 날에도 그 핸드폰과 명함을 챙겨서 출근했습니다. 저는 어디서 어떤 일을 하든 항상 제일 먼저 출근하는 편이에요. 그게 성실함의 기본이라고 생각하거든요. 그래서 그날도 다른 사람들이 오기 전에 먼저 출근해 있었어요. 그런데 관리자가 갑자기 저를 부르더라고요.

"영업용 폰 줘."

처음에는 무슨 뜻으로 그렇게 말하는지 알아듣지 못했습니다.

"무슨 말이에요? 왜요?"

"너는 우리랑 맞지 않아. 내일부터 나오지 마."

그렇게 해고 통보를 받았습니다. 얼마 전까지만 해도 그 관리자는 저에게 잘하고 있다고, 열심히 하라고 말했었는데 한순간에 말을 바꾸더라고요. 그래서 제가 해고당했다는 게 더더욱 이해가 안 됐습니다. 처음에는 수긍할 수 없었어요. 너무 억울하고 분했습니다. 제가 무엇을 잘못했는지도 알 수 없었고, 추운 날씨에 그렇게 열심히 비 맞고 눈 맞으면서 명함을 돌리고 했는데 왜 잘렸는지 납득이 안 됐어요.

나중에야 그 바가 저를 단지 명함 돌리는 기계로 쓰고 버렸다는 걸 알게 되었습니다. 저랑 비슷한 시기에 들어간 다른 친구들도 다 잘렸거든요. 직원을 구해놓고선 일단 힘든 일을 시킵니다. 그때는 격려하고 응원해 가며 열심히 하도록 독려하고서는, 조금 쓰다가 잘라 버리는 거죠. 저처럼 일하는 사람들은 늘 그런 식으로 갈리는 거고, 진짜 직원들은 따로 있더라고요.

표면적으로는 제가 여성 직원을 한 명도 못 구했기 때문에 자르는 거라고 말했지만, 사실은 이게 그 업계가 굴러가는 인원 관리 시스템이었습니다. 직원들을 들여오는 과정도 마찬가지였어요. 인스타그램으로 괜찮아 보이는 여성에게 DM을 보냅니다. 처음에는 바텐더를 구한다고 소개하는 거예요. 그 여성이 매장에 와서 면접을 보면, 이런 일을 한다고 그제야 제대로 설명하는 식이죠. 그럴 땐 또 젊은 남성 직원들이 나서서 그 일을 맡습니다. 그게 훨씬 더 설득이 잘 되거든요. 남성 직원들이 여대생이나 젊은 여성 직장인들을 유입시키기 더 유리했어요. 애초에 그렇게 굴러갈 수밖에 없는 시스템이었는데, 저에게는 제가 직원을 못 구해서 자르는 거라고 설명하더라고요.

그렇게 해고를 당하자 당장 또 어떻게 살아야 할지 막막했습니다. 그리고 그동안 열심히 일한 게 아무런 보상이나 인정을 못 받은 것 같아, 속상하고 서운한 마음에 강남역 한복판에서 얼마나 울었는지 몰라요. 그때는 참 힘든 시기였어요. 하지만 그래도 어떻게든 살아야 했지요. 그러다 직원 관리하는 일을 하지 말고, 아예 위치를 바꿔보자고 마음먹게 됐습니다. 그래서 아가씨를 구하는 구인 광고를 검색하기 시작했지요. 결국 저는 룸에서 일하게 됐고, 그렇게 새로운 생활이 시작되었습니다.

마담까지 할 거라는 다짐

이혼 후, 정말 여러 곳을 전전하며 다양한 일을 한 것 같아요. 바에서 손님과 술을 마시고 이야기를 나누는 아르바이트를 했다가, 바에서 여성 직원들을 관리했다가, 이번에는 제가 직접 룸에 들어가 손님을 접대하는 아가씨로 일하게 되었습니다. 룸에서 한번 일을 시작하면 그만두기 쉽지 않다는 말이 공공연하게 떠돌 정도로 그 일은 수입이 많았습니다. 보통 하루에 칠십만 원 정도를 받을 수 있었고요, 못 벌어도 사십만 원은 벌 수 있었으니까요. 매일 사십만 원씩만 벌어도 꽤 많이 받는 것이지요. 저는 그곳에서 일하면서 빚을 갚아나갈 수 있었습니다. 주거지도 아예 가게 옆으로 옮겨서 본격적으로 그 일을 하게 되었어요.

보통 룸 생활을 하는 사람들은 일주일에 서너 번 정도 가게에 나옵니다. 이 일은 매일 하기에는 정말 힘든 편이에요. 하루에 애프터를 최소 두 탕씩은 뛰어야 하기 때문이죠. 보통 체력으로는 힘든 일이었어요. 그런데 저는 월요일부터 토요일까지 매일 출근했습니다. 저는 체력이 약했고 몸도 자주 아팠지만, 매달 이자만 이백오십만 원씩 나가는 빚에서 해방돼야겠다는 생각이 그만큼 컸어요.

게다가 저는 학교에 다니던 시절에도 뭔가 시작하면 그 분야에서는 최고가 되고 싶다는 마음이 늘 있었습니다. 중학교 때는 공부를 열심히 해서 일 등이 되고 싶었어요. 그렇게 해서라도 저를 드러내고 싶었습니다. 성격이 소극적이고 소심한 편이라 저 자신을 드러내는 일을 못 하니, 공부를 잘해서 성적으로 저를 표현하고 싶었던 것 같아요. 그런 마음이 일을 할 때도 비슷하게 들었습니다. 이번에는 이 일에서 최고가 돼야겠다는 생각을 하게 되었어요. 이 일을 열심히 해서 여기서 마담까지 해봐야겠다고 다짐했지요. 진지하게 앞으로 이 생활을 계속해야겠다고 생각했던 것 같아요. 술장사지만, 그래도 이 업계에서 인정받는 사람이 되도록 노력했습니다. 그런 목표로 매일 일했어요. 저는 원래 성실한 것 빼면 달리 뭐가 없는 사람이니까요.

그래도 모든 상황이 술술 잘 풀리지는 않았습니다. 룸에는 '초이스'라는 게 있어요. 손님이 오면 문 앞에 아가씨 직원들을 쭉 줄 세웁니다. 줄을 선 직원들을 1조, 2조, 3조, 4조 이렇게 나눠서, 노예 팔듯 손님들에게 파는 거예요. 만약 손님에게 선택이 되면 그날 돈을 벌 수 있고, 선택이 안 되면 그날 돈을 못 버는 것입니다. 룸에서의 이런 운영 방식은 확실히 비인간적으로 느껴질 때가 있었습니다. 물론 가게의 시스템 자체만이 문제였던 것도 아니었지요.

한 번은 선택이 돼서 바로 룸에 들어갔는데 손님이 술을 위스키 원액으로 따라주더라고요. 그래서 그냥 주는 대로 마셨습니다. 그날은 이상하게 일이 잘 안 풀려서 첫 타임만 끝내고 집에 가려고 마음먹고 있었어요. 그래도 제가 맡은 손님의 타임에는 최선을 다하려고 처음에는 좋은 마음으로 열심히 마셨지요. 그런데 손님이 갑자기 술병을 제 입에다 쑤셔 넣더라고요. 처음 그 손님을 봤을 때부터 인상이 좋지 않았어요. 매너가 좀 부족한 사람이 걸렸다고 생각했는데 확실히 그런 사람이었던 것이지요. 그런데 저도 그날은 컨디션이 좋지 않았습니다. 안 좋은 상태에서 그런 손님까지 만나니, 막판에는 그냥 될 대로 돼라, 하는 마음이었던 것 같아요. 그 손님이 위스키 병을 제 입에 넣고 술을 붓는데, 저는 저항하지 않고 그냥 목구멍을 열고 속에다 술을 털어 넣었어요. 달리 할 수 있는 일도 없었지요. 그랬더니 그 손님이 말했습니다.

"야, 너 무섭다. 나가라."

사실 저는 주량이 맥주 두 캔인 사람이에요. 그런데 그날 삼십만 원이라도 벌고 들어가려고 그렇게 억지로 술을 마셨던 거죠. 쌓인 빚도 갚아야겠고, 어떻게든 살아야겠으니 어떤 일에든 최선을 다할 수밖에 없었습니다.

그렇지만 룸 생활을 하면서 물건 취급을 당한 기억은 아직도 잊히지 않아요. 제가 거기서는 '나연'이라는 가명을 썼는데, 손님들이 가게에 와서 저를 찾을 때 이렇게 말하더라고요.

"오늘 나연이 팔렸어?"

그러면 카운터에서 대답합니다.

"아직 안 팔렸어요."

마치 제가 사람이 아니라 물건인 양 저를 두고 그런 대화를 주고받는 거예요. 어쩌면 제가 나이 사십이 되어 다시 사회생활을 시작하기 위해 거쳐야 했던 관문이었는지도 모르겠습니다.

그럼에도 이미 사십 대에 접어든 저를 그곳에서 직원으로 써주는 게 감사했어요. 제가 나갈 수 있는 직장이 있어서 다행이었고요. 어떻게든, 어떤 일이든 그저 할 수 있다는 데에 감사했습니다. 그런 생각을 하면서 그곳에서 제가 해야 하는 일을 열심히 하고, 제가 배울 수 있는 것들은 배워나갔던 것 같아요.

사람들이 보통 밑바닥이라고 생각하는 그곳에서도 배울 게 있었습니다. 손님을 맞기 전에 직원들이 대기하는 공간이 따로 마련되어 있었어요. 그 대기실에서 기다리다가, 손님이 오면 나가도록 되어 있었습니다. 거기서 직원들끼리 이런저런 이야기를 나눴습니다. 대단한 내용은 아니었어요. 아주 소소하게는 옷을 맵시나게 입는 법, 얼굴형에 맞춰 화장하는 법 같은 것을 배웠지요. 그런 것들은 룸 생활을 하는 데도 필수적인 정보이지만, 룸 밖에서도 꼭 필요한 정보였어요. 사람은 내면이 중요하다고들 하지만, 그래도 사람을 처음 만났을 때 보통 외모를 보고 그 사람의 첫인상을 판단하잖아요. 저는 룸 생활을 하면서 제 스타일을 찾을 수 있었던 것 같아요.

또 룸에 들어가서 어떻게 손님을 맞아야 하는지, 손님의 요구에 어떻게 대응해야 하는지 같은 것에 대해서도 주로 대기실에서 이야기를 나눴습니다. 손님들과 대화할 때 도움이 되는 말투나 표현 같은 것도 공유했고, 술을 덜 마시려면 어떤 방법을 써야 하는지에 대한 팁도 공유했지요. 룸에서 일하려면 그런 것도 꼭 배워야 하거든요. 일하다가 술에 취해 버리면 안 되니까요. 이것도 사회생활이니 그 외에도 제가 알아야 하는 게 많았는데, 그런 부분에 대해서도 대기실에서 배웠습니다. 거기서 일하는 다른 직원들은 대부분 저보다 어렸어요. 그런데도 자신을 꾸밀 줄 아는 센스가 있었고, 타인을 대하는 매너도 있었어요. 또 그걸 다른 사람에게 가르쳐줄 줄도 알았고요. 사람들은 흔히 밑바닥 인생이라고 말하지만, 그런 곳에서도 분명 배울 점이 있다는 생각이 듭니다. 저는 확실히 그곳에서도 배운 게 있습니다. 그곳에서 일할 수 있다는 데 매일 감사했고요. 그 대기실에서 만났던 직원들에게 한 번 더 고맙다는 인사를 전하고 싶습니다.

어떤 고마운 분

어쩔 수 없이 시작한 룸 생활이었지만, 그곳이 저에게는 유일하게 출근할 수 있는 직장이었어요. 나이가 사십 대에 접어들었고, 결혼과 출산, 육아를 거치며 간호사 경력이 단절된 저를 써준 곳이었지요. 특히 남편의 빚 때문에 매달 많은 돈을 이자로 내야 했던 상황이라, 저에게는 절실한 일자리였습니다. 그래서 저는 그곳에서 정말 열심히 일했습니다. 그랬더니 어느 날 뜻밖의 행운이 찾아왔어요. 룸 생활을 하던 가게에서 제 인생의 방향을 틀어준 선생님을 한 분 뵙게 된 것이지요.

룸 생활을 하다 보면 정말 다양한 손님들을 만나게 됩니다. 혼자 오는 사람, 친구들과 오는 사람, 직장 동료들과 오는 사람, 사업상의 접대로 오게 되는 사람…. 선생님은 혼자 올 때도 있고, 지인들과 함께 올 때도 있었습니다. 누구와 오든, 언제 오든 한결같이 저를 찾아주었어요. 그러다 하루는 선생님이 혼자 가게에 와서 저를 불렀습니다. 처음 있는 일은 아니었기 때문에, 별다른 생각 없이 가서 같이 이야기를 나누기 시작했습니다. 그런데 그날따라 선생님이 유독 진지한 거예요. 제 개인적인 얘기를 물어보더라고요. 왜 여기에 오게 됐는지를 먼저 물어보길래, 저는 그동안의 일들을 말했습니다. 이혼 후 고시원으로 옮긴 첫날 일을 이야기하다가 눈물이 날 것 같아 울컥하기도 했어요. 그런 얘기를 한참 나누다가 선생님이 이런 질문을 했습니다.

"그럼 앞으로는? 꿈은 뭔데?"

그 질문을 받고 저는 한동안 생각하느라 바로 대답하지 못했습니다.

"우선 빚을 갚아야 해요."

선생님은 꿈에 대해 물었는데, 저는 빚에 대해 대답했지요. 그런데 그럴 수밖에 없었어요. 당시에는 일단 남편이 제 앞으로 만들어둔 빚을 정리하는 게 무엇보다도 우선이라고 여겨졌어요. 그때는 갑자기 생겨버린 빚을 갚는 것 외에 다른 것은 정말 생각하기 어려웠습니다. 꿈 같은 건 꿈도 꿀 수 없었지요. 제 대답을 들은 선생님은 다음 날 밖에서 만나자고 말했습니다. 가게에서 만나지 말고, 낮에 식사를 하자고 하더라고요. 보통 저는 손님들과 가게 밖에서는 따로 만나지 않았지만, 왠지 선생님은 만나도 될 것 같았어요. 그래서 다음 날 선생님이 약속 장소로 정한 곳에 나가 보았습니다. 선생님은 이미 나와서 저를 기다리고 있었어요. 그리고 뜻밖의 제안을 저에게 했습니다.

"내가 네 빚 다 갚아줄 테니까 공부를 해라."

정말 놀라운 제안이었어요. 아마 선생님이 제가 어릴 때 공부를 잘했다는 걸 귀담아들었는지도 모르겠습니다. 하지만, 한편으로는 받아들이기 어려운 제안이기도 했습니다. 우선 저는 타인의 호의를 편하게 받아들일 수 있는 사람이 아닙니다. 어릴 때부터 무언가를 편하게 받아본 적이 없었으니까요. 부모님의 사랑이나 돌봄도 마음 편히 받을 수 없었기 때문에, 타인에게 무언가를 받는 게 더더욱 익숙하지 않았습니다. 무엇보다도 그렇게 큰돈을 주겠다는 제안을 덜컥 받아들이기가 겁이 나기도 했어요.

그래서 식사 자리에서 선생님이 그 얘기를 꺼냈을 때는 에둘러 거절했습니다. 그런데 선생님이 저를 데려다주는 차 안에서 한 번 더 말을 꺼냈습니다. 알고 보니 이미 오천만 원을 현금으로 준비해 놓았더라고요. 그리고는 쇼핑백 안에 빽빽하게 가득 담긴 오만 원짜리 다발을 그 자리에서 저에게 내밀었습니다. 이 돈으로 우선 빚을 갚으라고 했지요. 그 후 학비와 생활비는 따로 지원을 해주겠다고 말했습니다. 돈을 계좌로 이체하면 기록이 남으니까 현금으로 주는 거라고도 덧붙이면서요.

"대신 오늘부터 룸에는 나가지 마라."

선생님이 제시한 조건이었어요. 그날로 룸 생활을 정리하고 공부를 시작해 제가 하고 싶은 일을 하며 사는 것 말입니다. 선생님은 엄한 목소리로 다시 한번 말했습니다.

"나가지 마라, 오늘부터는."

선생님은 이렇게 도움을 주는 게 제가 처음이 아니라고 했습니다. 이전에도 여러 사람을 도와줬다고요. 선생님 직업이 사업가이고, 룸에서 일하는 젊은 친구들을 보면 힘든 시대에 어렵게 살아가는 것 같아서 짠하다고, 그 친구들이 원하는 다른 일이 있으면 해볼 수 있도록 지원해왔다고 전해주었어요. 선생님은 이런 일을 자신만의 장학생 제도를 운영하는 것이라고 여겼어요. 어쨌거나 자신은 이미 나이를 많이 먹었고, 이 사회에서 자리를 잡아 큰돈을 벌었으니, 사회에 환원하고 싶다는 취지로 저에게 설명했습니다.

그런데 저는 그 자리에서 한 번 더 거절했어요. 제 인생에서 현금으로 오천만 원을 본 건 그때가 처음이었습니다. 실제로 그 돈이 눈앞에 놓인 걸 보니까 겁이 나더라고요. 이 오천만 원을 받으면 제가 선생님에게 어떻게 갚아야 할지 눈앞이 막막했습니다. 아무리 선생님이 선한 마음으로, 호의를 가지고 제안을 한 거라도 세상에 공짜는 없잖아요. 지금까지 제 인생에서 저는 공짜로 무언가를 가져본 적이 없었습니다. 저는 늘 노력과 희생이 있어야 무언가가 이루어진다고 생각하며 살았어요.

그래서 저는 선생님에게 최대한 정중하게, 그러면서도 감사를 표하면서 호의를 거절했습니다. 그리고 선생님도 알겠다고 대답했습니다.

"그래, 그럼 없던 일로 하자."

그렇게 상황을 마무리하고 저는 그날 또 룸에 출근했습니다. 대기실에서 다른 직원들과 이야기하던 중 선생님의 얘기를 듣게 되었어요. 원래 남들을 잘 도와주는 사람이라고 알려져 있더라고요. 그래도 저는 선생님의 제안을 제 마음속에서 밀어냈습니다.

그 일은 그렇게 마무리되었다고 생각한 채, 저는 얼마 후 건강검진을 받았습니다. 그런데 검진을 마치고 결과를 받아보니, 담낭에 용종이 있다는 사실을 알게 되었어요. 1cm가 넘으면 수술을 해야 하는데, 당시 용종의 크기가 0.7cm 정도여서 우선 경과를 지켜보자는 말을 들었습니다. 간당간당한 크기였지요. 저는 뇌하수체 종양 수술을 받은 이후부터 몸이 많이 안 좋아진 상태였고, 룸 생활 특성상 밤에 일을 해야 해서 밤낮도 바뀌어 있었거든요. 밥도 제대로 못 먹고 일했고요. 만약에 룸에서 계속 일을 하면 매일 술을 마셔야 하는데, 그러면 분명히 용종에 안 좋을 텐데, 일을 계속할 수 있을지 걱정이 많이 됐어요. 룸에서 계속 일을 할 수 없는 상황이었고, 앞으로 살아갈 길이 막막해 보였습니다. 그때 선생님 생각이 나더라고요. 그래서 제가 선생님에게 다시 연락을 했습니다.

선생님에게 받은 오천만 원으로 빚을 다 갚을 수 있었습니다.

그러고 나니 룸에서 일해야 하는 이유도 없어졌어요. 빚만 없다면 한 달에 이백만 원만 벌어도 생활은 충분히 할 수 있으니까요. 그렇게 해서 저는 룸 생활을 접게 되었습니다.

선생님은 그 뒤로도 저를 많이 챙겨주었어요. 저를 데리고 다니며 장어, 갈비, 백숙 등 보양식을 사먹이기도 했습니다. 공부도 시작하고 새로운 일을 시도해보려면 우선 건강해야 한다고, 체력을 키워야 한다면서요. 특히 제가 아픈 걸 많이 걱정했어요. 덕분에 저도 제 건강을 챙기면서 새로운 일을, 저의 꿈을 찾아나설 수 있었지요. 선생님과의 인연을 돌이아면 이런 생각이 듭니다. 힘든 상황에서도 제가 저를 도왔기 때문에, 하늘이 좋은 인연을 보내준 것 같다고요.

늦지 않았다

마흔이 넘은 나이에 공부를 시작한다는 게 쉽지는 않았습니다. 하지만 룸 생활을 접고 새로운 출발을 하려면 무언가 공부해야 할 것 같았어요. 당시에는 병원으로 돌아가고 싶지 않다는 마음도 컸고, 아예 새로운 일에 도전해 보고 싶었거든요. 뭘 배워볼까 고민하다가, 한 가지 사실을 발견했습니다. 길에서 지나다니는 사람들을 둘러보면, 아이와 함께 다니는 사람들보다 반려동물과 함께 다니는 사람이 더 많다는 거였어요. 심지어 유아차에도 반려동물을 태워서 다니더라고요. 그래서 반려동물과 관련된 쪽으로 직업을 구하면 좋겠다고 생각하게 되었어요. 처음에는 현대 사회에서 노인 문제도 심각하니 노인 문제와 관련된 분야도 고려했지만, 그러면 결국 간호사 관련 일로 돌아가게 될 것 같았거든요. 결국 반려동물에 대한 자격증을 알아보기 시작했습니다. 반려동물 미용사 자격증도 알아봤는데, 미용사는 요즘 너무 많은 것 같았어요. 그래서 희소하게 느껴지는 반려동물 장례지도사 자격증을 준비하기로 결정했습니다.

하지만 결정을 내리고 나서도 시작하기는 쉽지 않았어요. 우선 주변에서 반려동물 장례지도사 과정이 저와 맞지 않을 거라고 말리는 반응이 많았습니다. 특히 워낙 저를 잘 아는 제 아이가 강하게 말리더라고요.

"엄마는 너무 여려서 동물들 죽어가는 거 못 봐요. 그걸 매일 어떻게 보려고 그래."

엄마는 안 돼, 엄마는 안 돼. 아이는 이 말을 한동안 입에 달고 살았어요. 한편 저에게 새 출발의 기회를 준 선생님은 세무사 공부를 권했습니다. 그쪽이 일도 깔끔하고, 전문직이니 한번 배워 놓으면 계속 일할 수 있다는 얘기였습니다. 수입도 좋다고 조언을 해주었지요. 그런데 제 생각에는 AI 기술이 빠르게 발달하고 있어 세무사라는 직업도 전망이 어둡다고 여겨졌습니다. 곧 AI 기술에 대체될 것으로 보였어요. 하지만 반려동물 장례지도사는 워낙 반려동물 키우는 사람이 많고, 그런 사람들의 숫자도 점점 늘고 있으니 앞으로도 꾸준히 수요가 있을 거라고 예상이 됐지요. 저에게는 반려동물 사업이 굉장히 유망한 직종으로 보였습니다. 또 제가 반려동물을 좋아하기도 하고요. 집에서도 강아지를 키웠으니까요.

　그렇게 마음을 다잡고 수업을 듣기 시작했지만, 공부를 시작한 뒤에도 과정이 순탄하지만은 않았습니다. 공부를 손에서 놓은 지 이미 이십 년이 지난 상태였기 때문에 뭘 다시 배운다는 게 어려웠지요. 마흔이 넘은 나이라, 뭘 읽어도 금방 잊어버렸고요. 게다가 공부해야 하는 내용의 분량과 난이도도 만만치 않았습니다. 아무래도 동물의 생명과 관련된 일이다 보니 복잡하고 까다로운 내용을 다 이해하고 있어야 했지요. 반려동물 장례지도사 과정은 총 네 과목으로 구성되어 있는데, 그중에 두 과목이 법과 관련된 과목이었습니다. 동물의 생리학과 해부학에 대해서도 숙지해야 했고요. 사실 생리학이나 해부학은 그래도 제가 간호대학교에 다녔던 적이 있는 덕분에 조금 익숙하게 다가오기도 했어요.

　다만 반려동물 장례지도사 관련 법규에 관한 내용은 많이 생소했고 또 어려웠어요. 우선 반려동물은 화장하는 경우가 많은데요, 그래서 화장터를 어떤 기준에 맞춰서 세워야 하는지부터 꼼꼼하게 알아야 했습니다. 다 기준이 있더라고요. 사람이 사는 곳에서 얼마나 떨어진 위치에 세울 수 있는지, 하는 것들이 다 정해져 있어서 그런 기준을 모두 외워야 했지요. 또 가정에서 키우던 반려동물이 죽었을 때, 공터든 놀이터든 사람이 사는 주거 공간 주변에 그대로 묻는 것은 불법이라고 해요. 만약 반려동물이 죽어 사체를 처리해야 하는 상황에서 화장을 시키지 않을 거라면 일반 쓰레기봉투에 담아서 버려야 한다고 합니다. 종량제 봉투에 넣어야 하는 것이죠. 그런 내용을 듣자 어릴 때 죽은 병아리를 남동생과 함께 놀이터에 묻었던 일도 떠올랐고, 내용이 낯설게 다가왔습니다.

이렇듯 어려운 부분은 있었지만, 이 과정을 통해서 반려동물에 대한 이해를 넓힐 수 있어서 그런 점은 좋았어요. 반려동물 해부학을 공부하면서 골격 구조에 대해서 조금 더 알아갈 수 있었고, 반려동물의 생리에 대한 과목에서는 반려동물에게 생길 수 있는 병이라든지 하는 다양한 부분을 배울 수 있어서 유익했습니다.

수업은 인터넷 강의로 진행되었습니다. 온라인으로 수업을 듣고 해당 내용을 혼자서 복습하면서 공부해 나갔지요. 처음에는 내용이 낯설고 어렵게만 느껴졌는데, 자꾸 들여다보니 조금씩 이해가 되기 시작하더라고요. 어쨌거나 자격증 시험에 합격해야 했기 때문에, 오래전 중학교 시절에 공부하던 방식으로 내용을 많이 외웠던 것 같아요. 인터넷 강의 수업 때는 강사님의 말을 다 메모해 외우고, 모르는 단어들은 인터넷으로 찾아보며 이해하고, 예상 문제들을 풀고 채점하고, 틀린 문제를 다시 확인했습니다. 중고등학교 때 공부했던 방식을 반려동물 장례지도사 과정을 공부하면서도 거의 그대로 가져와 적용했던 것 같아요. 어릴 때 힘든 상황에 대한 도피처로 공부를 선택했었는데, 그게 제 몸과 머리에 남아서 성인이 되어서도 필요한 순간에 도움을 주더라고요. 반려동물 장례지도사 과정을 배우면서 다시 한번 느낀 점은, 공부에는 지름길이 없다는 것입니다. 읽고, 이해하고, 외우는 과정을 성실하게 반복하는 게 가장 중요하다는 점을 다시 한번 생각하게 되었어요.

그렇게 열심히 공부한 덕분에, 저는 한 번에 자격증 시험에 합격했습니다. 공부하는 과정이 쉽지는 않았지만, 합격했을 때의 희열은 말로 설명하기 어려울 정도였어요. 공부를 놓은 지 오래되어서 처음에는 잘할 수 있을지 내심 염려도 했는데 그래도 열심히 한 보람이 있었습니다. 뒤늦게 공부를 시작하면서 저의 새로운 모습을 발견할 수 있었던 것도 기뻤어요. 제가 그렇게 집중해서 교재를 들여다보고 내용을 암기할 거라고는 예상하지 못 했거든요. 한편으로는 이혼 후 여러 일자리를 전전하느라 잠깐 잊고 있었던 저의 원래 모습을 되찾은 것 같기도 했고요. 생소한 제 모습에 설렘과 부담을 함께 느끼며 반려동물 장례지도사 과정을 마무리했습니다.

그때는 공부를 다시 하기엔 너무 늦은 건 아닌지 걱정이 되기도 했습니다. 하지만 지나고 보니 늦은 때라는 건 없다는 것을 깨닫게 되었어요. 마흔이 훌쩍 넘은 나이에도 얼마든지 공부를 시작할 수 있고, 심지어는 얼마간 설렘마저 느끼면서 새로운 것을 배워 나갈 수 있었습니다. 심지어는 열심히 하다 보면 시험에도 합격할 수 있다는 걸 저는 몸소 경험했어요. 예전에 오십 대, 육십 대에 운전면허 시험에 도전하는 분들을 본 적이 있어요. 반려동물 장례지도사 공부를 하면서 그분들을 떠올리기도 했습니다. 공부가 힘들게 느껴질 때마다 그분들에 비하면 나는 아직도 늦지 않은 거다, 하는 생각을 하면서 마음을 다잡았지요.

　이제라도 공부를 할 수 있다는 게 감사한 일이기도 했어요. 도전할 수 있는 환경이 주어진 것이니까요. 룸 생활에서 빠져나오지 못했다면 이런 공부를 할 수도 없었을 텐데요. 제 삶의 태도를 좋게 보고 도움을 준 선생님 덕분에 새롭게 인생을 꾸려나갈 수 있게 되었다는 게 무척 감사했습니다. 이렇게 제 삶에 감사하며 매 순간 최선을 다해 나아가고자 하는 마음이 저에게는 삶을 계속 살아가는 가장 큰 동력인 것 같아요.

5장

다시 걷기 시작한 나

스물아홉 살인 선배에게 배우며

반려동물 장례지도사 과정을 배울 당시 제가 한 가지 몰랐던 게 있어요. 알고 보니까 반려동물 장례식장은 거의 지방에 있었던 것입니다. 하지만 저는 이혼 후에도 아이를 매주 만나야 했기 때문에 지방으로 내려갈 수는 없었습니다. 어떻게 하면 반려동물 장례지도사 자격증도 살리면서 새로운 일자리를 구할 수 있을지 고민했습니다. 어떻게든 반려동물에 관련된 일을 하고 싶었거든요. 그쪽이 앞으로 잘 될 거라는 확신이 있었어요. 그래서 결국 병원으로 돌아가게 되었습니다. 이번에는 인간을 치료하는 병원이 아닌, 동물을 치료하는 병원이었습니다.

제가 원래 간호사로 일했기도 했고, 또 동물을 좋아하기도 해서 저는 동물 병원 일이 어느 정도 수월할 줄 알았어요. 그런데 바깥에서 보는 것과는 또 다르게 동물 병원도 일이 굉장히 많고 고되더라고요. 한 가지를 들자면, 동물들에겐 병원은 있지만 반려동물의 약을 처방해 줄 수 있는 약국은 따로 없습니다. 그래서 동물 병원에서는 사람 병원과는 달리 약도 다 준비해야 합니다. 처방된 약이 알약이라면 그걸 반려동물이 먹기 편한 형태로 깨고 찧어야 해서 어깨가 정말 아팠어요. 동물 병원에서 일하다가 제 어깨가 나가서 제가 병원에 다녀야 할 지경이었지요.

또 제가 십수 년 전 간호사로 일했던 당시에는 병원 차트가 다 손으로 작성하는 방식으로 관리되었는데, 동물 병원에서 일을 시작해 보니까 이제는 차트를 컴퓨터로 작성해서 관리해야 했던 거예요. 저는 컴퓨터를 업무에 활용해 본 경험이 없으니 굉장히 생소했어요. 그래서 동물 병원에서 일하면서부터 컴퓨터를 배우기 시작했습니다. 그 전에 구직 면접을 보는 자리에서도 컴퓨터 활용 능력에 대한 질문을 많이 받아서, 공부가 필요하겠다고 생각은 했어요. 그런데 막상 제 업무에 컴퓨터 활용이 필수가 되니 더 시급하게 여겨졌지요. 원래는 사회초년생들이 배우는 과정인데, 저는 그걸 나이 사십이 지나서야 시작하게 된 거예요. 처음에는 어색하기도 했지만 그래도 컴퓨터 활용 관련 수업을 열심히 들었고, 다행히 병원 차트를 관리하는 데에도 금방 적응할 수 있었습니다.

그 외에도 동물 병원에서는 다양한 일들이 있었습니다. 병원에 진료받으러 오는 반려동물들에게 할큄을 당하는 건 다반사였고요. 특히 고양이들이 할퀴는 일이 많았습니다. 제가 다닌 동물 병원은 한국고양이보호협회와 협약이 맺어진 동물 병원이었거든요. 그래서 TNR이라고, 길에서 지내는 길고양이들을 데려와서 중성화 수술을 시켜주고 다시 돌려보내는 업무에 많이 참여해야 했습니다. 길고양이들의 개체 수가 계속 많아지고, 아기 길고양이들이 많아지면 보호를 못 받는 경우도 더 많아지니까요. 제가 다니던 동물 병원은 이렇게 길고양이들을 보호하기 위해 진행된 사업에 참여하고 있었습니다. 그래서 아무래도 길고양이들이 굉장히 많이 왔어요. 그런데 길고양이들은 바깥에서 어떻게든 먹고 살아야 했기 때문에 야생성이 강해진 것인지, 살기 위해서 굉장히 격렬히 버둥거렸습니다. 그러다가 간호사나 의사들의 손이며 팔을 할퀴더라고요. 한 번은 고양이에게 할큄 당한 상처가 꽤 깊게 남은 적도 있었습니다.

저는 집에서 강아지만 키워봤기 때문에 고양이를 가까이서 접한 건 처음이었어요. 강아지는 확실히 사람의 손을 더 많이 타는 동물이라 야생성이 덜한데, 길고양이는 강아지에 비해 야생성이 훨씬 더 강했지요. 그런 고양이들에 관심을 갖고 활동하는 '캣맘'분들이 주로 고양이들을 데리고 병원에 옵니다. 이 고양이들에게 중성화 수술을 하기 전, 제일 먼저 진행해야 하는 과정이 파보 바이러스 검사예요. 고양이나 강아지가 파보 바이러스에 감염되면 혈변을 보면서

죽게 되거든요. 그런데 그 파보 바이러스가 또 전염성이 굉장히 강합니다. 그래서 일단 강아지든 고양이든 내원하면 파보 바이러스 검사를 제일 먼저 해야 하지요. 검사를 통과한 고양이들만 중성화 수술을 진행하고 이미 감염된 고양이들은 병원에 못 들어오게 합니다. 혹시 파보 바이러스에 감염된 동물이 병원에 들어오면 전염성 때문에 무척이나 빠르게 퍼져서 다른 동물들도 전염되거든요.

그 파보 바이러스 검사를 할 때 고양이를 먼저 계류장이라는 곳으로 데려갑니다. 동물의 진료를 위해서 특별히 제작된 것인데요, 우선 거기에 고양이가 들어가도록 하고, 손잡이를 당기면 고양이가 움직이지 못하도록 계류장 자체가 변형되는 것이지요. 그렇게 해서 고양이가 움직이지 못하도록 해놓고 면봉을 이용해 항문 쪽으로 검사를 합니다. 계류장은 바이러스 검사뿐만 아니라 마취를 시키거나 주사를 놓을 때도 활용해요. 중성화 수술에 필요한 마취를 할 때도 계류장을 이용해서 주사를 놓습니다. 그런데 그때 고양이들이 긴장하고 날카로워지기 때문에 간호사들을 엄청 물고 할퀴더라고요. 고양이들이 문 상처는 겉보기에는 작은 구멍이 난 것처럼 별거 아니어 보이지만 속으로는 고양이 이빨이 살을 생각보다 깊게 파고들 수 있습니다. 만일 뼈까지 가게 되면 그 안이 곪을 수도 있어서, 빨리 치료를 해야 해요.

저도 한 번 심하게 물려서 병원에 갔는데, 그 안에 이미 고름이 고여서 짜내야 했습니다. 제가 원래 아픈 걸 잘 참는 편인데도 당시 병원에서 고양이에 물린 상처를 치료받을 때는 정말 아팠어요. 고름도 조금 나오는 게 아니라 많이 흘러나옵니다. 항생제도 1차 병원에서 쓰는 일반 항생제로는 낫지 않고, 한 단계 높은 항생제를 맞아야 빨리 나을 수 있습니다.

동물을 관리하는 것도 힘들었지만, 동료들과의 관계에도 힘든 부분이 있었습니다. 제가 동물 병원에서 일하는 건 처음이라 더 신경을 많이 쓰고 세심하게 일했거든요. 그랬더니 병원 원장님이 저를 또 유독 좋게 봤습니다. 그걸 다른 직원들이 눈치채고 저를 질투하더라고요. 그 이유 때문에도 정신적으로 많이 힘들었어요.

그 병원에는 제 바로 위에 스물아홉 살인 직원이 있었고, 원장님과 다른 수의사가 한 명 더 있었습니다. 그런데 다른 한 명의 수의사가 저에게 유독 트집을 잡았어요. 제가 청소하고 빨래하는 걸 보면서 살림을 그렇게 하셨냐고 물어보기도 했으니까요.

"가사도우미 쓰셨나 보네요."

이런 말까지 들었을 때는 정말 바로 퇴사를 하려 했습니다. 제가 늦게 들어왔고 일을 이제 막 시작하는 입장이니, 배울 게 많다는 건 저도 잘 알고 있었어요. 그래서 저도 청소나 빨래 같은 일도 도맡아서 하려고 했고요. 그래도 괜한 트집까지 잡혀가면서 일하고 싶지는 않았지요. 그런데 제가 퇴사 얘기를 꺼내자 원장님이 뭐가 힘들어서 그러냐고 물어보았습니다. 그러고는 제가 힘들다고 하는 부분을 다 개선해 주었어요. 저에게 트집을 잡던 수의사에게도 말조심하도록 주의를 줬고요. 덕분에 일에 조금 더 집중할 수 있었습니다.

반대로, 당시 제 바로 위의 선배였던 스물아홉 살인 직원에게선 여러 가지를 많이 배웠습니다. 그 직원은 당시 직급이 실장이었어요. 대학도 나오지 않고 바로 동물 병원에서 일을 시작해 이미 구 년째 거기서 일하고 있더라고요. 경력이 길어 자격증이나 반려동물 관련 교육 이수 여부와 상관없이 어디서든 환영받을 것 같았어요. 또 그 직원이 일을 정말 잘해서 저도 많이 배웠고 본받으려고 했습니다. 당시 제가 그 직원을 멘토처럼 생각했던 것 같아요. 나이와 상관없이, 일도 굉장히 잘하고 매사를 깔끔하게 처리해서 배울 점이 많았거든요.

동물 병원에서 일하면서 때로는 내가 너무 늦은 게 아닐까, 하는 생각이 드는 때도 있었습니다. 그래도 새로운 기회가 주어졌고, 도와주는 사람들도 있었기 때문에 최선을 다했지요. 거기서도 물론 처음에는 일도 많이 힘들었고, 사람들과의 관계를 유지하는 것도 만만치 않았습니다. 그런데 시간이 지나고 나니, 다들 저에게 대단하다는 말을 해주더라고요. 원장님도 저보다 어려서 제가 나이도 가장 많았는데, 이삼십 대 상사들과 일하면서 일을 배우고 업무를 해나가는 게 쉬운 일이 아니라면서요. 그런데 저는 십 대인 사람에게도 필요하면 배워야 한다고 생각해요. 제가 부족한 부분은 나이와 상관없이 다른 사람들에게 배울 수 있는 거니까요. 지나고 보니까 정말 배움에는 나이가 중요하지 않은 것 같습니다. 새로운 시작에 있어서도 마찬가지이고요.

나를 부정했던 사람에게

코로나19 감염병이 확산되던 시기에 아빠가 돌아가셨습니다. 돌아가신 아빠에 대한 감정은 아직도 제 안에서 정리되지 않은 채 남아 있어요. 제 모든 삶을 통틀어서 저를 가장 사랑해준 사람, 그런데도 제가 너무 늦게야 그 상처를 이해하게 됐던 사람. 아빠에 대해서, 아빠의 죽음에 대해서 저는 아직 마음속 무엇도 정리할 수 없을 것 같습니다.

다만 한 가지, 아빠가 돌아가신 뒤 새엄마와의 관계는 완전히 정리되었어요. 제 아빠는 예전부터 요양원을 싫어했어요. 다른 데는 몰라도 요양원만큼은 안 가겠다고 가족들에게 강하게 말해왔습니다.

하지만 알코올 중독자인 아빠를 집에서 돌보기는 힘들었죠. 그 점은 저도 이해가 갑니다. 그래서 새엄마는 아빠를 알코올 치료센터에 보냈던 것이죠. 그러면서도 새엄마는 저와 연락이 닿으면 더 이상 아빠를 보살피기 힘들다고, 아빠가 빨리 죽었으면 좋겠다고, 그렇게 아빠 욕을 하면서 저에게 자신의 어려움을 토로했습니다. 그러다가 하루는 새엄마에게서 연락이 왔습니다. 아빠를 요양원에 보내겠다고 하더라고요. 아빠가 요양원에 가기 싫어했던 게 마음에 걸렸지만, 새엄마의 고충도 충분히 알고 있었기 때문에 저는 그렇게 하라고 대답했지요. 그리고 요양원에 들어간 지 이틀 만에 아빠가 돌아가셨어요.

지금도 아빠를 요양원에 보내자는 새엄마의 말에 동의한 게 후회됩니다. 예전에 제가 남편과 사이가 좋고, 결혼생활에 아무 문제가 없었을 때, 새엄마에게 몇 번이나 제가 아빠를 모시겠다고 얘기했어요. 그때는 그럴 여건이 됐으니까요. 그런데 그때 새엄마는 아빠를 저에게 보내지 않았습니다. 그러면서도 아빠를 돌보는 것에 대해서는 계속 불만을 털어놓았고요. 새엄마의 불평과 불만을 듣고 제가 다시 한번 아빠를 모시겠다고 말을 꺼내면 그건 또 들어주지 않았어요. 참 이상한 반응이었지요.

아빠가 돌아가신 후, 새엄마는 하루 만에 아빠를 화장하자는 말을 꺼냈습니다. 마치 오래전 아빠를 처음 알코올 중독 치료센터에 보낼 때 했던 것처럼, 저를 앞세워 서둘러 화장하려고 하더라고요. 알아본 다음, 할 수만 있으면 오늘 바로 하자고 말했습니다. 저는 내심 마음이 불편했지만, 빨리 알아보라는 새엄마의 성화에 쫓겨 황급히 화장터를 알아봤어요. 하지만 알아보면서도 못내 찜찜했고, 결국 이건 아니라고 결론 내렸습니다. 바로 화장 가능한 곳이 있긴 했지만 새엄마에게는 없다고 말했어요. 사실은 딱 한 곳이 있긴 했었어요. 하지만 그렇게 말하면 안 될 것 같았죠. 장례 이틀째가 되니까 친척들이 장례식장에 오기 시작했어요. 새엄마의 말대로 아빠를 화장했다면 큰일 날 뻔했다고 생각했습니다.

그 후로도 새엄마의 이상한 행동이 이어졌습니다. 아빠 장례식장에서 조문객들이 준 부조금을 자신이 다 챙겨간 것은 놀라운 일도 아닐 정도로요. 알고 보니, 새엄마는 아빠와 이미 이혼한 상태였습니다. 그런데 아빠 재산은 다 새엄마 앞으로 되어 있더라고요. 장례가 끝나갈 즈음, 새엄마는 저에게 아빠의 사망 신고를 조금 늦게 하라고 말했습니다. 아빠 앞으로 나오는 연금을 한 번 더 타겠다는 것이었지요. 법적으로는 아빠와 새엄마가 이제 가족이 아닌 상태였는데도요. 이런 일이 여러 가지였고, 이상하게 여겨지는 부분이 한두 가지가 아니었어요.

이제 와 가장 후회하는 점은 왜 아빠가 돌아가셨을 때 부검을 하지 않았을까, 하는 것입니다. 이런저런 이상한 점이 쌓여가서 제가 주변에 이런 고민을 이야기했거든요. 그랬더니 주변에서 왜 부검을 하지 않았냐고 묻더라고요. 저는 부검을 할 생각을 전혀 못 하고 있었어요. 주변 지인들의 말을 듣고 나서야 후회했고, 그때 예전부터 새엄마가 저에게 자주 했던 말이 떠올랐습니다.

"너 같은 걸 어디다 써먹냐?"

제가 어릴 때부터 새엄마는 저에게 늘 이런 말을 했습니다. 너는 쓸모가 없다, 너를 어디에 쓰겠냐. 살아오면서 제가 무언가에 실패할 때마다 떠올리곤 했던 말들이지요. 오랫동안 저를 학대하는 데에 쓰인 말들. 그래서 저 스스로도 이런 말을 되뇌며 저 자신을 괴롭힐 수밖에 없었던 말들. 그 말이 부검을 하지 않고 아빠를 보내드린 그때도 한참 제 마음속을 맴돌았습니다. 아빠의 마지막을 제대로 지켜드리지 못한 것 같은 기분이 들었어요. 그리고 그 모든 원인이 새엄마에게 있다는 것을 깨닫게 되었지요. 아빠가 돌아가시고 이런 일련의 과정을 통해 새엄마를 향한 마음을 완전히 접었습니다.

그 후 딱 한 번 새엄마에게 연락한 적이 있었어요. 이혼 후 남편의 빚을 떠안고 전전긍긍하던 시기였습니다. 새엄마에게 연락해 오백만 원을 달라고 했어요. 아빠의 재산도 새엄마가 다 가져갔고, 새엄마 입으로도 저에게 돈이 필요하면 말하라고 했으니까요. 그런데 새엄마는 제 메시지에 답장을 하지 않고 그냥 무시하더라고요. 그래서 결국 전화를 걸었습니다. 하지만 그 전화 역시 받지 않았지요. 저도 포기하지 않았어요. 제가 다시 카톡으로 메시지를 보냈습니다. 메시지를 쓰려니 아빠를 요양원에서 그런 식으로 떠나보낸 일부터, 그동안 제 마음에 쌓여 있던 얘기들이 한꺼번에 터져 나왔습니다. 새엄마에게 품었던 불만들을 그때 그 메시지에 담아서 다 털어냈던 것 같아요. 새엄마는 답장하지 않았지만요. 그래도 저는 그동안 새엄마에게 거의 정신적 학대에 가깝게 당해왔던 일들을 한 번이라도 말할 수 있어서 조금은 후련한 마음이 들었습니다.

너무 오랫동안 마음속에 저 자신을 부정하는 말들을 품어왔고, 무언가 의문이 가는 일에도 바로 이의를 제기하지 못한 채 살아왔어요. 딱 한 번 그걸 밖으로 표현했다고 해서 그 뒤로 저를 표현하는 게 곧바로 잘되지는 않았습니다. 다른 상황에서, 다른 사람에게 제 감정과 생각을 표현해 보려고 해도 거칠고 울퉁불퉁하게만 표현되는 것 같았어요. 다른 사람들처럼 "내가 이런 감정을 느끼는 상태인데 거기에 네가 이렇게 말을 해서 내 마음이 이랬어." 하고 부드럽게 표현할 줄을 모르는 것이죠. 왠지 저는 그렇게 하면 안 될 것 같다는, 저 자신에 대한 부정적인 생각이 또 올라오기도 했고요.

그래도 오랜 시간 동안 저를 부정해 온 새엄마와의 관계를 정리한 건 다행이라면 다행인 것 같습니다. 그리고 마지막에 단 한 번이었지만, 그동안 저를 괴롭혀온 새엄마의 말과 행동에 대해 제 생각과 감정을 적극적으로 말할 수 있어 후련했습니다

경제적인 준비도 필요해요

남편과 이혼하던 당시, 이혼 과정은 빠르게 진행되었습니다. 이혼을 결정한 해 팔월에 합의 이혼 신청서를 제출했습니다. 그리고 그 결과를 기다리는 동안 내내 싸웠던 것 같아요. 하루하루 서로에게 날 선 말들을 쏟아부으며, 더 이상 서로 얼굴을 마주 볼 수 없을 정도로 싸웠습니다. 그래서 시월에는 집에서도 나와 고시원에 들어갔던 것이고요. 저는 시댁에서 스트레스를 받은 부분이 많았기 때문에 남편에게 이렇게 말하기도 했어요.

"당신 집안과 가족이라는 것 자체가 너무 싫어."

남편도 저와 싸우고 나서 바로 콧노래를 부를 정도로 저와 감정적으로 대치하고 있었습니다. 남편과 시댁에서 받는 스트레스가 이만저만이 아니었어요. 빨리 갈라서고 싶어서 제가 이혼을 빨리 진행하자고 얘기했습니다. 결과적으로는 같은 해 십이월에 이혼 도장을 찍었습니다. 넉 달 정도 걸린 셈인데 저에게는 그 시간도 무척 길게 느껴졌어요.

이혼한 후에도 일주일에 한 번씩은 아이와 만납니다. 이혼 전에 남편과 함께 살 때는 늘 우울하고 아픈 모습만 보여줬는데, 이혼 후에는 밝은 모습으로 아이를 만날 수 있게 됐죠. 아이도 그걸 더 좋아하는 것 같습니다. 건강하고 밝은 엄마를 보는 게 아이에게도 도움이 되고, 아이와의 관계에도 더 좋은 것 같아요. 물론 가끔 아이가 생각에 잠긴 것 같은 표정을 지을 때는 이런 생각을 하게 돼요. 그때 만약 내가 조금만 더 참았더라면 어땠을까, 하는 생각을요. 하지만 아이도 건강한 엄마를 보는 게 좋다고 말합니다. 그렇다고 해도 부모의 이혼에서 가장 큰 피해자는 아이이고, 이혼을 결정하는 데에는 아이의 의견이 가장 중요하다는 생각에는 변함이 없습니다.

두 번째로 중요하게 여겨지는 점은 경제적인 부분입니다. 저는 너무 갑작스럽게 이혼을 결정하는 바람에 준비가 하나도 안 돼 있었어요. 그래서 고시원에 들어가게 되고 룸 생활까지 하게 된 거니까요. 집을 나가서 고시원에라도 들어가겠다고 마음먹었을 때는 그만큼 집이 싫었어요. 집을 떠나 시궁창에 빠져서 살더라도 이 집보다는 낫겠다는 생각이 들었고, 그래서 계획을 제대로 세우지 않은 채 이혼을 결심하고 집을 나온 것이지요. 그런데 이혼을 할 거라면 경제적인 부분을 절대 무시해서는 안 됩니다. 특히 전업주부로 살아온 분이라면 앞으로 혼자서 어떻게 살아갈 것인지에 대한 생각을 꼭 이혼 전에 미리 해두셔야 합니다. 그래야 조금이라도 덜 고생할 수 있어요.

지금 와서 이혼이 진행된 기간 동안 겪었던 일들을 돌아보면 배운 점도 많았고, 그 와중에 감사한 순간들도 있었지만 그래도 고생을 너무 많이 했다는 생각이 들어요. 준비가 되어 있었다면 룸까지 가서 일하고 그럴 필요는 없었을 것 같거든요. 사실 룸 생활은 한번 시작하면 빠져나오기도 힘듭니다. 하루에 백만 원씩 벌던 사람이 한달 내내 일해서 이백만 원 받는 자리로 어떻게 옮길 수 있겠어요.

저는 돈에서 마음을 완전히 접고 새로운 삶을 생각하며 나온 것이지만요. 물론 저는 건강 문제도 겹쳐서 어차피 더 이상 룸 생활을 할 수 없는 상황이기도 했습니다. 그런데 지금도 제가 그때 만났던 지인들은 저에게 이런 얘기를 해요. 두고 보자고요. 제가 분명히 다시 룸으로 돌아갈 거래요. 하지만 저는 돌아갈 생각이 전혀 없습니다.

남편과 한창 싸우고 이혼을 이야기할 때, 남편에게 그런 얘기를 한 적이 있습니다. 내가 아이를 키우는 동안 당신은 회사에서 승진도 하고 사회적으로 성공하지 않았냐고, 경력도 쌓고 실력도 쌓지 않았냐고요.

"나는 뭐야. 나는 바보가 되고 있는 것 같아."

그때 남편에게 한 말은 진심이었습니다. 남편이 회사에서 승승

장구하고 자기 사업까지 시도했다가 파산하는 동안 저는 집에서 가사 노동을 전담하며 시간과 노력을 모두 가정에 쏟아부었으니까요. 요즘에는 남성들도 육아휴직을 하지만, 옛날처럼 육아와 그 외 가사 노동을 여성에게만 맡기면 결국 여성의 삶은 사라지고 마는 것 같습니다. 집 밖의 삶이 아예 없어지니까요.

저는 고시원에서 지내며 직장을 알아보려고 했던 당시, 병원에 들어가고 싶어도 경력 단절로 신입 대우를 받게 돼 병원에 들어가지 못했어요. 당시 갚아야 하는 빚이 있어서 매달 월급보다 훨씬 많은 돈이 필요하기도 했으니까요. 여성, 특히 주부들의 경력 단절은 정말 큰 문제입니다. 다시 직장생활을 해야 하는 상황이 되었을 때, 주부들은 마트 캐셔로 일하거나 방문판매를 하거나 야쿠르트 카트 모는 일을 할 수밖에 없어요. 반대로 남편들의 입장에서는 사십 대가 가장 많은 것을 이루고, 결실을 맺는 시기잖아요.

그런데 전업주부로 일하는 여성들은 가정 외에는 아무것도 없습니다. 결실이라고 하면 그나마 아이인데, 아이들도 크면 다 품을 떠나게 마련이니까요. 물론 가사 노동과 육아를 좋아서 하는 사람들도 있을 것입니다. 하지만 아닌 사람도 분명히 있을 거예요. 일종의 희생으로 가족을 위해 헌신해야만 하는 여성들도 있습니다. 그런 경우라면 가사 노동과 육아는 부부가 분담해서 진행해야 한다고 생각합니다. 상황이 이렇다 보니 점점 결혼을 안 하려고 하고, 아이도 안 낳으려고 하잖아요. 여러 가지 사회적 문제를 해결하기 위해서라도 여성이 설 자리가 필요합니다. 가정 밖에서도요.

밥 먹었어요?

지금까지 살아오면서 저에게는 한없는 따뜻함과 사랑으로 대해주는 사람이 없었습니다. 아빠도 저를 사랑하기는 했지만, 한없이 기댈 수 있는 그런 사람은 아니었어요. 친엄마와 새엄마도 마찬가지였습니다. 하나뿐인 남동생도 먼 외국 땅에 있고요. 그런데 그런 저에게 따뜻한 아랫목 같은 사람이 생겼어요. 새로운 남자친구를 만나게 되었습니다.

남자친구는 회사원이라 아침에 출근해서 저녁까지 내내 일해야 합니다. 그런데도 자기 일을 하고 퇴근해 집에 와서 저를 위해 밥을 차려주는 사람입니다. 지금 저에게 따뜻한 밥을 만들어주는 유일한 사람이지요. 저는 원래는 늘 빵이나 요거트로 식사를 대충 때웠는데, 이 사람을 만나고부터는 든든한 밥을 먹을 수 있게 되었어요.

이 남자친구를 처음 만난 곳도 제가 일했던 룸이었습니다. 룸에 오는 손님들은 굉장히 다양한데요. 제 남자친구는 회사에서 업무상 접대를 받으러 온 거였어요. 직급이 높은 편이라 그런 자리에 종종 불려 다닌다고 했습니다. 업무적인 이유로 한 번 온 뒤로는 종종 혼자서 왔고, 그때마다 늘 저를 고정해서 찾더라고요. 그러면서 대화를 나누기 시작했습니다. 남자친구가 저에게 여기서 일할 사람이 아닌 것 같은데 왜 여기에서 일을 하고 있냐고 물어보기도 했고요. 그러면서 저도 자연스럽게 제가 살아온 이야기를 풀어놓게 되었어요. 남자친구와 대화를 나눌수록 편안한 느낌이 커졌고 차츰 가까워지는 것을 느꼈습니다. 왜인지 이 사람에 대한 신뢰가 쌓여갔습니다.

하지만 당시 저는 룸에서 일하는 상황이었고, 남자친구는 그걸 힘들어했습니다. 저희가 처음 만난 것도 룸이었지만, 어떤 일을 하는지 아니까 걱정하더라고요. 그 과정에서 제가 남자친구를 아프게 하는 상황도 생겼고, 저희는 여러 가지 이유로 헤어졌다가 다시 만나기도 했습니다. 그런데 남자친구와 헤어진 뒤에도 저는 제가 정말 믿을 수 있는 유일한 사람은 이 사람뿐이라는 생각이 들었어요. 설명할 수는 없었지만 그런 느낌이 계속 들었습니다. 그래서 제가 남자친구에게 부탁을 했어요.

"내가 지금은 빚도 있고 상황이 이러니까 룸에서 일을 해야 해.

지금 당장 그 일을 그만둘 수는 없어. 그래도 그냥 좀 옆에 있어 주면 안 돼?"

나중에야 전해 들었지만, 남자친구는 그때 저의 그 말 때문에 버텼다고 해요. 제가 옆에 좀 있어 달라고 부탁한 그 말 때문에요. 사실 제가 그 말을 울면서 했거든요. 제가 막 울면서 그렇게 이야기하니까 어떻게든 옆에서 버텨야겠다는 생각이 들었다고, 나중에 남자친구가 알려줬습니다. 그 말 때문에 마음이 불안하던 시기에도 버틸 수 있었다고요. 그러다가 제가 선생님의 후원을 받게 되어 룸 생활을 접은 뒤에는 안정적으로 잘 만나고 있어요.

남자친구는 원래 성향 자체가 다정하고 사려 깊은 사람입니다. 남자친구가 어렸을 때부터 부모님이 장사를 했고, 남자친구보다 여섯 살 어린 동생이 있대요. 그래서 어릴 때부터 그 여동생을 남자친구가 보살펴야 했다고 해요. 옆에서 지켜보면 그 여동생에게도 굉장히 잘 해주고 세심하게 챙기더라고요. 부모님이 장사를 하는 상황에서, 제 남자친구도 어린 시절에는 부모님이 워낙 바쁘시니까 돌봄을 제대로 받지 못했다고 합니다. 그런데 자신이 그렇게 챙김을 못 받은 걸 여동생에게는 느끼게 하고 싶지 않았대요. 그래서 부모님 몫까지 자신이 여동생을 다 챙겨줬다고 했습니다. 여동생이 소풍을 갈 때는 김치볶음밥을 만들어서 도시락을 싸주기까지 했다고 해요. 유부초밥도 만들어서 도시락에 넣어줬고요. 동생 친구들이 놀러 오면 라면이라도 끓여줬다고 하니, 정말 자상한 오빠였지요.

지금 남자친구가 다니는 회사에도 나이가 비교적 어린 직원들이 있는데요, 남자친구는 여동생뿐만 아니라 그 직원들도 동생처럼 챙기더라고요. 그 직원들은 제 남자친구를 형처럼, 오빠처럼 따르고요. 저랑 같이 저녁 식사하는 자리에 직원들을 불러서 음식을 같이 나눠 먹기도 했어요. 혹시 그 자리에 안 온 사람이 있으면 그 사람에게는 따로 전화를 해 밥은 잘 챙겨 먹었는지 확인하는 모습을 본 적도 있습니다. 그런 모습을 볼 때마다 저까지 덩달아 마음이 따뜻해졌어요.

어릴 때 부모님이 바쁘셔서 그런 건지, 남자친구는 요리하는 걸 특별히 좋아합니다. 하루는 제가 오징어무국을 좋아한다고 했더니 그걸 만들어주더라고요. 무를 사다가 채 썰고, 오징어도 직접 손질해서 국을 끓여주었는데 국물도 아주 시원했고 제가 먹어본 오징어무국 중에서 가장 맛있었어요. 제가 두부를 좋아하는 걸 알고는 남자친구가 멀리까지 가서 막 쪄낸 두부를 사 오기도 했어요. 마트에서 파는 두부는 그 맛이 안 나잖아요. 방금 만든 두부를 사서 김치를 들기름에 볶아 두부김치 볶음을 만들어줬는데 그것도 무척 맛있었어요. 남자친구의 어머니가 김장을 하는 날에는 돼지고기를 사다가 수육을 만들어주기도 했습니다. 남자친구의 회사 동료들도 초대해서 같이 먹었는데요, 사람들과 정을 나누며 음식을 먹어서인지 기분까지 좋아지는 식사 자리였습니다.

남자친구가 만든 음식 중에 제가 가장 좋아하는 메뉴는 노가리

볶음이에요. 노가리는 원래 좀 질긴 생선이잖아요. 부드럽고 야들야들한 종류는 확실히 아니지요. 쥐포가 되기 전 단계로 약간 딱딱한 식감이 남아 있는 생선인데요. 그걸 고춧가루, 간장, 청양고추와 함께 버무려서 양념을 하고 볶아서 만드는데 맛은 매콤하고 식감은 쫄깃해서 무척 맛있습니다. 저는 남자친구가 노가리 볶음을 만들어주면 그거 하나만 놓고도 밥을 한 그릇 뚝딱 비울 수 있을 정도예요.

어린 시절에도, 이혼하기 전에도 가족들과 함께 식사한 적은 있었어요. 많았지요. 그런데 이전의 가족들과 식사할 때는 한 번도 지금 남자친구와 함께하는 때 느껴지는 이런 느낌을 느껴본 적이 없었습니다. 어릴 때는 아빠의 알코올 중독과 부모님의 불화로 가시방석에 앉아 밥을 먹는 기분이었어요. 언제 부모님이 언성을 높이기 시작할지, 또 언제 밥그릇과 국그릇이 깨져나갈지 모르는 상황에서 밥을 먹는 거였으니까요. 결혼했을 때는 외식을 많이 했습니다. 전남편은 요리를 전혀 못 했어요. 그래서 집에서 음식은 제가 다 만들어야 했는데, 제가 못 하면 그냥 시켜 먹거나 외식을 했지요. 돌이켜 보면 아이의 생일같은 특별한 때가 아닌 이상은 딱히 기억에 남는 식사는 없었던 것 같아요.

그런데 지금은 하루하루 밥을 먹는 것만으로도 즐거워요. 다른 특별한 일이 없어도, 그저 남자친구와 함께 마주 보고 앉아서 밥을 먹는 것만으로도 행복감이 차오릅니다. 그래서 한 번은 남자친구에게 말한 적도 있습니다. 이 세상에서 나한테 따뜻한 밥을 차려주는 사람은 당신밖에 없다고요. 그때는 말하지 못했지만, 저에게 따뜻한 아랫목이, 든든한 버팀목이 돼줘서 고맙다는 말도 전하고 싶습니다.

돌고 돌아 나의 자리로

2025년 봄. 요즘 저는 한의원에서 일하고 있습니다. 동물 병원을 나온 뒤 한동안 다른 일자리를 알아봤는데, 기쁘게도 여러 곳에서 합격 연락을 받았어요. 그중 지금의 한의원이 가장 적당해 보여서 여기서 일하기로 결정했습니다. 한의원은 강남에 있고, 두 개의 층으로 나뉘어 있습니다. 제가 다니는 한의원은 주로 피부 관리와 다이어트에 특화된 곳이에요. 피부과에서는 보통 외국산 필러를 사용하는데요, 제가 있는 한의원은 한약을 증발시켜서 추출한 약을 피부에 주입하는 방식으로 환자분들 피부 관리를 돕고 있습니다. 한의원에서 쓰는 의료용 기계 자체는 피부과에서 쓰는 것과 비슷한 게 많아요. 그런데 약물은 다 한방 성분을 추출한 제품으로, 주사기로 피부에 약물을 주입합니다. 모공 관리나 탄력 개선을 위한 제품이 특히 반응이 좋아요. 한방 추출액을 피부에 주입한 다음에는 기계를 써서 피부에 잘 흡수될 수 있도록 합니다.

다이어트 관리는 디톡스를 먼저 하도록 안내해요. 디톡스를 진행하는 삼일 동안은 사골 국물만 먹도록 하고 있어요. 그렇게 몸 안에 있는 독소와 노폐물을 다 빼낸 다음에, 한방 성분의 약제를 이용해서 한방 치료에 들어갑니다. 다이어트 효과가 굉장히 좋아서 최근에는 중국에서 환자들이 많이 찾아오고 있습니다. 아무래도 외국인들이 한국의 의료나 미용 기술에 관심이 많다 보니, 제가 다니는 한의원에서도 외국 환자들을 많이 배려하고 있어요. 특히 중국이나 일본 환자들에게 많은 신경을 쓰고 있습니다.

기본적인 통증 치료도 이뤄집니다. 원장님이 두 분인데, 한 분은 동증 치료를 더 전문적으로 전담하고, 다른 한 분은 다이어트 치료 위주로 전담하고 있어요. 피부 관련 치료는 두 분이 같이 진행합니다.

저는 이곳에서도 많은 일을 담당하고 있어요. 환자가 내원했을 때의 접수부터 시작해, 물리 치료도 진행하고, 원장님이 환자에게 침을 놓으면 기다렸다가 시간 맞춰 침을 뽑습니다. 기본적인 환자 응대는 다 하고 있고요. 조금 더 시간이 지나면 다이어트 치료 같은 것도 제가 보조하게 될 예정이에요. 아무래도 제가 간호사로 일을 했다 보니, 한의원 근무는 처음이지만 일이 아주 생소하지는 않더라고요. 한의원에서도 약침 같은 걸 앰플에서 뽑아야 하는데요, 그걸 주사기로 뽑아야 하는데 제 경우에는 그걸 따로 안 배워도 바로 할 수 있으니까 더 수월하더라고요.

일하면서 보람을 느끼는 순간도 많습니다. 무엇보다도 한의원에 내원하는 환자분들에게 서비스를 제공하는 게 제 주된 업무이다 보니, 환자분들과 자주 소통을 하게 되는데요, 그럴 때 특히 보람을 느껴요. 연세가 있는 환자분들이 침 치료를 받은 후 고맙다고 인사를 건네면 저도 덩달아 감사한 마음이 생기더라고요. 또 어디가 아프고 안 좋아서 왔는데, 치료받은 후에 괜찮아져서 한의원을 나가는 환자분들을 볼 때도 보람을 느낍니다.

'치료 잘 받으셨구나. 치료받는 동안 불편한 거 없이 편안하셨구나.'

환자분들의 웃는 얼굴을 보면서 저도 이런 생각을 하게 되고, 그러면 더 밝게 웃게 됩니다.

직전에 일했던 동물 병원과 비교해, 지금 일하는 한의원은 업무 강도가 훨씬 낮은 편이에요. 특히 한의원에서는 제가 아프면 일하다가도 침을 맞을 수 있다는 점이 좋습니다. 원장님들의 가치관이 직원들이 건강해야 환자를 잘 치료할 수 있다는 철학을 가지고 있어서, 직원들이 일할 때 아프지 않도록 업무 중에도 신경을 많이 써줍니다. 저는 한약도 신청했는데, 한약 제조를 위해서 원장님이 진료를 봐줄 때 이런 말을 하더라고요. 아픈 데가 너무 많아서 어떤 걸 주요 증상으로 보고 약을 지어줘야 좋을지 모르겠다고요. 그 정도로 직원들의 건강과 처우에 많은 신경을 써주니 저도 더 열심히 일하게 됩니다. 동물 병원에서는 아무래도 동물이 우선이기 때문에, 직원이어도 사람 질병은 전혀 관리를 못 받았거든요. 어쩔 수 없이 동물이 늘 사람보다 우선시됐어요.

원장님들은 물론이고, 다른 직원분들도 저를 굉장히 따뜻하게 대해줍니다. 일곱 명 정도 같이 일하는데, 제가 지금까지 경험해 본 직장 중에서 가장 편안한 느낌이에요. 원래 병원에서 간호사로 일할 때는 텃세가 심하다고 느꼈는데, 여긴 그런 것도 전혀 없고요. 오히려 서로 배려하면서, 동료들의 일을 하나라도 덜어주려고 하는 분위기라서 저도 더 다른 직원들을 배려하며 일하게 됩니다.

직장에서 안정감을 느끼게 되니 다른 일상도 자연스럽게 자리를 잡게 되더라고요. 요즘에는 새 직장에 어느 정도 적응했다고 생각돼 외국어 공부를 시작했습니다. 아무래도 한의원에 주로 내원하는 환자가 거의 외국인이다 보니, 영어 공부를 하면 업무에 도움이 될 것 같았어요. 한의원에서 직원들을 많이 배려해 주니까, 직원인 저도 뭐라도 일하는 데 더 도움이 될 게 없을까 계속 생각하다가 공부를 시작하게 되었어요. 학원에 따로 다니는 건 아니고, 영어 공부 어플을 활용하고 있습니다. 학원은 시간 맞춰서 수업을 들으러 가야 하는데, 근무 스케쥴이 고정된 게 아니라서 시간을 맞추기 어려울 수 있거든요. 어플로 공부하면 언제 어디서든 제가 편할 때 온라인으로 접속해서 수업을 들을 수 있으니까 무척 편하더라고요.

영어 공부뿐만 아니라 컴퓨터 활용 능력 자격증을 따려고 그 준비도 열심히 했습니다. 그건 한의원에 들어오기 전에, 한창 이력서를 쓰던 시기에 준비한 것인데요, 사십 대에 재취업을 하려니까 컴퓨터 활용 능력이 떨어질 거라는 오해를 많이 받아서 아예 자격증을 따고 싶었어요. 그런데 바로 한의원에 취업이 돼 영어를 더 급하게 공부하게 된 것이지요. 마흔이 훌쩍 넘은 나이에 이렇게 계속 공부하게 될 줄은 몰랐습니다. 그래도 계속 저를 새롭게 이루어 나가는 기분이 들어서, 매일 즐겁게 공부하고 있어요.

퇴근 후에는 종종 남자친구와 맥주를 마시며 하루의 스트레스를 풀기도 해요. 아무리 직원들이 편하게 일할 수 있도록 신경을 써줘도 업무는 업무이니까요. 일하는 데 지장이 없도록, 주변 사람들을 챙기고 관계를 이어나가는 데 무리가 되지 않도록, 제 건강도 꾸준히 챙기고 있습니다. 제가 사는 곳 지하에 마침 헬스장이 있어서 일주일에 삼일 정도는 거기 가서 운동을 합니다. 제가 근력 운동을 제대로 한 적이 없어서 근력이 특히 약하거든요. 그런데 일을 계속하고, 사랑하는 사람들과 관계도 계속 이어가려면 제 몸과 마음의 건강이 가장 중요하다는 생각이 들었습니다. 요즘 제가 누리고 있는 이 일상이 저에게는 정말 소중해요. 커다란 기쁨이 있거나 대단한 행운이 있는 것은 아니지만, 하루하루 저에게 주어진 작은 행복들을 잘 지켜내고 싶어요. 멀고 먼 길을 돌아서 드디어 제 자리를 찾은 것 같습니다. 여기에서 또 열심히 살아보려고 합니다. 저에게 주어진 것들에 감사하면서요.

에필로그

걸을 수 있는 발이
있잖아요

저는 살면서 많은 아픔을 겪었습니다. 알코올 중독에 빠진 아빠는 가족에게 폭력과 폭언을 일삼았고, 그 과정에서 부모님은 결국 이혼했습니다. 새엄마와 함께 살게 되었지만, 새엄마에게는 정신적으로 학대를 받았고요. 몸도 많이 아팠지요. 뇌하수체 종양 수술을 받아야 했고, 나중에는 뇌수막염 치료까지 받아야 했으니까요. 그 과정에서 죽을 고비를 넘기며 간신히 살아났습니다. 그런 힘든 시간을 함께해 준 남편과는 이혼하게 되었고요. 그 후에는 남편이 제 앞으로 남긴 빚을 갚느라 룸 생활까지 하면서 고생해야 했어요. 그런데도 여전히 살아 있습니다.

룸 생활을 하며 거기서 일했을 때 그곳에 오는 손님은 주로 부유한 사람들이었어요. 그런데도 이야기를 나눠 보면 자신들이 지금 가지고 있는 것에 감사하고 만족하기보다는 가지지 못한 것에 아쉬워하는 경우가 많았습니다. 저는 룸에 처음 들어갔을 때 백만 원이 없어서 힘든 상황이었는데, 어떤 사람은 백만 원이 있는데도 천만 원이 없는 데에 초점을 맞추며 자신에게 없는 것에만 아쉬워하더라고요. 천만 원이 있는 사람은 일억 원이 없는 것을 아쉬워하면서 역시나 자신에게 없는 것에 초점을 맞춰 아쉬워했고요. 생각을 바꿔서 나는 백만 원이 있잖아. 백만 원이 있는 것에 감사해야겠다고 생각하면 어떨까요?

좋은 차가 없는 것에 초점을 맞춰서 나에게 좋은 차가 없다는 걸 아쉽게 생각하는 대신 나에게 작더라도 차가 있는 것에 초점을 맞춰서, 타고 다닐 차가 있다는 걸 감사하게 생각해 보면 어떨까요? 저는 뇌수막염이 생겼던 당시, 의사에게 그날 바로 죽을 수도 있다는 말을 들었어요. 죽을 각오를 하고 있었는데 살아났습니다. 그렇게 살아나 보니 알겠더라고요. 저에게 주어진 것에 감사하는 마음을요. 좋은 차가 아니라 작은 차라도 있다면 감사한 일이지요. 심지어 차가 없더라도, 걸을 수 있는 발이 있다면 그걸로 충분히 감사한 일이 되었어요.

저에게 걸을 수 있는 발이 있고, 볼 수 있는 눈이 있다는 게 그저 감사합니다. 아침에 출근하면서 햇빛이 내리쬐면 그 빛에도 고마워요. 오늘도 빛을 쬘 수 있다는 게 감사한 일이 되었지요. 미세먼지가 조금 있더라도, 제가 호흡기를 통해 공기를 들이마실 수 있다는 사실에도 감사합니다. 미래에는 햇빛도 공기도 돈을 주고 사야 할지도 모르는데 우리에게는 그냥 주어졌으니까요. 제가 한창 아플 때 병원 중환자실에서 의식 없이 누워 있는 환자들과 함께 지내며 느낀 점입니다. 이 하루가 당연하지 않다는 것이요!

가장 고마운 대상은 저 자신입니다. 지금까지의 힘든 삶을 잘 견뎌 온 저 자신이 가장 고맙습니다. 저는 어릴 때부터 친엄마에게, 새엄마에게 제 존재를 자주 부정당하며 자랐습니다. 살아오면서는 스스로 저를 부정하게 되는 상황도 생겼지요. 저에게 변함없는 사랑을 줄 것 같던 전남편과도 결국 이혼하게 되었고요. 저를 보듬어 줄 사람이 다시 사라진 것이었어요. 그런데 이 모든 과정을 돌아보니, 결국엔 제가 저 자신을 보듬어줘야 하는 것이더라고요. 제가 저를 지켜주고, 위로해줘야 했던 것인데 저는 그걸 조금 늦게 알았습니다. 다른 사람들이 저를 부정하더라도, 저를 사랑했던 사람이 떠나더라도, 제가 저를 인정하고 사랑해주는 게 중요하다는 것을요. 이제는 저 자신을 놓고 싶어질 때마다 제가 지금 가지고 있는 것들을 돌아보려고 합니다. 너무 사랑하는 제 아이, 힘들 때 곁을 지켜주는 사람들, 일할 수 있는 열정과 용기, 걸을 수 있는 발, 볼 수 있는 눈. 이 모든 게 저에게 주어져 있음에 감사하려고 해요.

그렇게 감사하는 마음으로, 혼자 힘들고 외로운 상황을 견뎌냈던 어린 시절의 저를 끌어안아 주고 싶어요. 어릴 때는 어른들의 말과 행동에 굉장히 민감하잖아요. 특히 저에게는 외부에서 주어지는 부담이나 충격을 저항하지 못하고 묵묵히 감내해야 하는 순간들이 많았고요. 너 정말 힘들었겠다. 고생 많았어. 이제 괜찮아. 이런 말을 어렸던 저에게 해주고 싶어요. 그리고 다시 말해주려고 합니다. 정말 고맙다고요.

마음에도
굳은살이 생기면
좋을 텐데

1판 1쇄 인쇄   2025년 8월 5일
1판 1쇄 발행   2025년 8월 15일

지은이   여름
펴낸이   정원우
편집총괄   민지현
디자인   홍성권

펴낸곳   어깨 위 망원경
출판등록   2021년 7월 6일 (제2021-00220호)
주소   서울시 강남구 강남대로 118길 24 3층
이메일   book@premiumpublish.com

ISBN   979-11-93200-26-1 03810

ⓒ2025, 여름 All rights reserved.

이 책은 저작권법에 따라 보호받는 저작물이므로 무단전재와 무단복제를 금지하며,
이 책의 내용을 이용하려면 반드시 저작권자와 본사의 서면동의를 받아야 합니다.